W0312506

Cet ouvrage est accompagné d'un CD contenant 6 enregistrements pour profiter pleinement de votre programme minceur.

Les plages du CD :

1. La respiration calmante
2. Détendre son corps
3. La traversée (de la rive de l'Éveil à la rive du Sommeil)
4. La montagne de couleurs
5. *Out of space*
6. Les ancrages du sommeil

Les pistes du CD sont également consultables :

– Sur la page suivante :
https://blog.editionsleduc.com/sophro-sommeil.html

– **Sur l'application Marque-Page,** grâce aux logos présents tout au long du livre (voir les explications en page 6).

Textes : Carole Serrat et Laurent Stopnicki
Musiques : Laurent Stopnicki
Voix guide : Carole Serrat
Chant sur « *Out of space* » : Laurent Stopnicki
Masterisé par Vincent Bruley au studio Piccolo

Édition : Marjolaine Revel
Maquette : Hung Ho Thanh
Design de la couverture : Antartik
Illustrations : Adobe Stock

10, place des Cinq-Martyrs-du-Lycée-Buffon
75015 Paris – France

ISBN : 979-10-285-1572-0

Carole Serrat
Laurent Stopnicki

MON PROGRAMME SOMMEIL TOUT EN *douceur*

BONUS AUDIO
6 pistes à découvrir sur le CD ou en ligne

LEDUC.S PRATIQUE

Sommaire

Découvrez les contenus exclusifs avec l'application Marque-Page !

Comment utiliser l'application Marque-Page ?

1. Télécharger l'application*
sur l'App Store ou Google Play

2. Ouvrir l'application

3. Scanner la/les page(s) où le logo apparaît

** Hélas, l'application Marque-Page ne fonctionne pas avec* Windows Phone

Avec ce livre, retrouvez les 6 pistes du CD sur votre Smartphone ou votre tablette.

Sans l'application Marque-Page, vous pouvez également accéder aux contenus directement via le lien suivant :
https://blog.editionsleduc.com/sophro-sommeil.html

INTRODUCTION

On a coutume de dire que l'avenir appartient à ceux qui se lèvent tôt. C'est peut-être ce que se disait Napoléon Bonaparte, qui ne dormait que 5 heures par nuit ! Einstein, lui, devait avoir besoin de plus de repos car, selon la légende, il lui arrivait de dormir jusqu'à 12 heures chaque jour ! Quant à Léonard de Vinci, il se contentait de 20 minutes de sommeil toutes les quatre heures.

Stratèges militaires, physiciens de génie, inventeurs prolifiques... Leur point commun ? Ils ont tous besoin de dormir, même un tout petit peu ! Nous en avons tous besoin.

Pour le commun des mortels comme pour les grands de ce monde, dormir est un impératif vital. Le sommeil est essentiel à notre santé et à notre équilibre physiologique. C'est lorsque nous dormons que nous rechargeons nos batteries et traitons des informations emmagasinées pendant la journée. Eh oui : même lorsque l'on dort, le cerveau continue de travailler ! Ce serait donc une erreur de considérer que le sommeil est une perte de temps, car c'est tout le contraire.

Pendant que nous dormons, nos muscles se détendent et se reposent, mais notre organisme reste mobilisé, silencieusement. Sans que nous ne nous en rendions compte, nos cellules et nos tissus se régénèrent, ils retrouvent leur vitalité. C'est ainsi qu'après une bonne nuit de sommeil, nous nous réveillons avec une peau plus lisse et détendue !

Chaque nuit, notre organisme prépare aussi le lendemain en rétablissant notre équilibre interne : les toxines sont éliminées, le taux de sucre est régulé et le cerveau, les muscles et le foie préparent des réserves en prévision de la journée qui s'annonce.

Il est donc essentiel de respecter les rythmes et les besoins de notre corps en termes de sommeil, car c'est durant cette période que se mettent en place de nombreux mécanismes vitaux, indispensables à notre bien-être et surtout à notre santé. La mélatonine, par exemple, aussi surnommée « l'hormone du sommeil », stimule nos défenses immunitaires et lutte contre les radicaux libres responsables de l'oxydation des cellules.

Les enfants et les adolescents ont également besoin de bien dormir, car c'est pendant la nuit qu'ils sécrètent les hormones de croissance qui vont permettre à leur corps de bien se développer.

« Béni soit celui qui inventa le sommeil ! »

Miguel de Cervantès

Aussi naturel que de manger lorsque l'on a faim ou de boire lorsque l'on a soif, on pourrait penser que dormir est facile... puisque c'est naturel ! Mais il n'en est rien : en France, des millions de personnes souffrent d'insomnie et nombre d'entre elles ont recours à des médicaments pour essayer de retrouver un sommeil naturel mais, à terme, ce n'est qu'une illusion, car le manque de sommeil, tout comme la perte d'appétit par exemple, est le symptôme d'un déséquilibre interne. Et l'équilibre durable ne se cache pas dans des somnifères...

Il est surprenant de constater à quel point le sommeil est absent des grandes préoccupations publiques. Cela est peut-être dû au fait que dormir apparaît comme quelque chose de non productif et donc d'inutile dans nos sociétés productivistes. Pourtant – et les insomniaques le savent bien –, une bonne nuit de sommeil est un véritable trésor !

Notre souhait est de vous offrir des pratiques simples mais efficaces pour vous permettre de créer vous-même les conditions favorables à votre équilibre afin de retrouver des nuits douces et apaisantes. Notre méthode va vous aider à dénouer les tensions qui vous empêchent de trouver le sommeil. Elle est basée sur les principes de la « Médit-action », que nous avons nous-mêmes créée sur la base des enseignements du professeur Alfonso Caycedo, neuropsychiatre et fondateur de la sophrologie, à qui nous rendons hommage ici.

Accompagné par la musique et par la voix qui vous guidera tout au long de votre lecture, vous allez découvrir le bonheur de la détente neuromusculaire, de l'apaisement mental et de la paix intérieure. C'est ainsi que vous allez progressivement vous réaligner avec vos rythmes naturels, et donner à votre corps ce dont il a besoin : un peu de repos.

Nous vous souhaitons une bonne lecture, et de douces nuits !

Carole et Laurent

Chapitre 1

L'INSOMNIE, CAUSES ET CONSÉQUENCES

Dormir n'est pas un acte anodin ; c'est une nécessité vitale, au même titre que manger, boire ou respirer. Le fait que des expressions comme « Je suis mort de fatigue » soient régulièrement employées par de nombreuses personnes traduit bien la souffrance vécue par ceux qui ne dorment pas bien.

L'insomnie : nuit gravement à la santé

Moment privilégié avec vous-même, le sommeil est capital dans la vie de tout être humain. En manquer, c'est s'exposer à bon nombre de conséquences tout aussi néfastes pour votre corps que pour votre esprit. C'est ce que nous allons voir ici.

Notre organisme souffre du manque de sommeil

Chaque nuit, notre corps profite de la baisse d'activité pour se renforcer, se rééquilibrer et se défendre contre les attaques.

Ainsi, **priver notre organisme de ce repos bien mérité revient à l'affaiblir**. C'est la porte ouverte à de nombreuses complications...

Le manque de sommeil conduit notamment à une baisse de l'immunité : **nous devenons plus sensibles aux infections, aux intoxications, aux allergies, aux microbes**. Mais cela contribue également à l'apparition et au développement de certaines pathologies : migraines, douleurs diverses, problèmes digestifs, hypertension artérielle... Au-delà de ça, les conséquences à long terme sont bien plus inquiétantes : surpoids, diabète, troubles de l'humeur, risques cardiaques, voire développement de certains cancers.

Il apparaît donc que **le sommeil est un besoin capital** si l'on souhaite renforcer son système immunitaire, notamment, mais aussi toutes les fonctions internes indispensables à un équilibre durable. Priver notre corps de sommeil contribue à sa vulnérabilité face aux attaques incessantes qu'il subit et, au final, cela le fait vieillir plus vite !

Il est donc essentiel de prendre le problème à la racine, et le plus tôt possible, avant que des troubles trop sérieux ne viennent compliquer encore plus la situation.

À noter

Le corps humain est d'une immense complexité. Parfois, un rien peut bouleverser son équilibre subtil mais, bien souvent, ce sont les accumulations (ou les déficits durables) qui finissent par vraiment le mettre en difficulté, avec des conséquences parfois irréversibles. Trop souvent négligé, le sommeil agit pourtant comme un régulateur, un sas de décompression indispensable. En manquer ponctuellement n'aura que peu de conséquences, mais laisser un déficit de repos permanent s'installer est une très mauvaise chose.

Des conséquences sur notre mental

Vous l'avez sûrement déjà remarqué : après une nuit agitée ou trop courte, on est de mauvaise humeur, irritable, émotif voire agressif ! À long terme, les conséquences psychologiques peuvent être sérieuses, avec des répercussions sociales importantes. Cela traduit bien l'effet néfaste du manque de sommeil sur notre cerveau, car **il a besoin de se reposer, chaque jour, profondément**.

En effet, notre cerveau travaille quotidiennement pour assurer nos fonctions cognitives : mémoire, raisonnement, apprentissage… **Il apprend sans s'arrêter.** Il analyse, décortique et enregistre toutes les informations qu'il perçoit dans la journée. Aussi, le soir venu, **il lui est nécessaire de classer et d'archiver tout ce qu'il a appris**. Si son temps de repos est insuffisant ou de mauvaise qualité, son efficacité diminue : perte de mémoire, difficultés de concentration, capacités d'apprentissage altérées...

Bien dormir pour mieux apprendre

Le manque de sommeil devient particulièrement handicapant pour les étudiants, qui ont besoin d'accumuler efficacement beaucoup de nouvelles données en peu de temps. Des chercheurs américains ont d'ailleurs mis en évidence le lien entre le manque de sommeil et les mauvais résultats de certains élèves, notamment en maths ou dans l'apprentissage de la lecture et de l'écriture.
À l'inverse, le Dr Paul Kelley, chercheur à l'université d'Oxford, est arrivé à la conclusion qu'un enfant ne parvient pas à se concentrer avant 8 h 30 le matin, un adolescent de 16 ans avant 10 heures et un étudiant... avant 11 heures ! Alors qu'il était enseignant au collège Monkseaton, en Angleterre, il avait mené une expérience en ce sens, décalant tous ses cours du matin de 8 h 30 à 10 heures. Le résultat était sans appel : les notes de l'ensemble de ses élèves s'étaient améliorées de 19 %... Il y a donc un lien de cause à effet très net entre le sommeil et l'appropriation des connaissances.

« Une pause s'impose »

Nous connaissons tous ce slogan de la Sécurité routière nous invitant à régulièrement prendre le temps de nous arrêter lors de longs voyages en voiture. On estime en effet que **20 à 25 % des accidents mortels sur la route seraient dus à la fatigue** ! Le manque de sommeil peut donc effectivement être mortel, pour vous, mais aussi pour ceux qui vous entourent…

La fatigue ralentit en effet notre organisme et notre cerveau. Elle conduit à la somnolence, à la perte de vigilance, ce qui peut avoir des conséquences dramatiques dans des situations dangereuses par nature : la conduite automobile, les travaux en hauteur ou dans des environnements dangereux… ou tout simplement lorsqu'on traverse la rue sans faire attention à la camionnette qui arrive !

Et le gagnant est…

Randy Gardner est le détenteur du record de la plus longue période sans dormir : 264 heures et 24 minutes (soit très précisément 11 jours – voir p. 14). Le record de cet Américain de 17 ans a été inscrit dans le Livre Guinness des records en 1965 et a été réalisé dans le cadre d'un projet pour son école.
Après trois jours sans dormir, des troubles de l'humeur et de la coordination se sont déclarés chez Randy ; dès le cinquième jour,

il fut victime d'hallucinations et après sept jours, il présentait de gros problèmes de mémoire. Aucune séquelle n'a semble-t-il été constatée après cet « exploit », mais Randy a mis plusieurs semaines pour s'en remettre complètement.

Depuis la nuit des temps, notre espèce (et toutes les autres) ont su développer des mécanismes de protection face aux agressions et aux dangers multiples. **Notre cerveau a accumulé les informations nécessaires pour contrer ou échapper à la menace :** il a développé son acuité, sa réactivité et ses réflexes pour sa survie. Le sommeil fait partie de notre évolution, car **il permet au cerveau d'évoluer dans son environnement**, de s'y adapter et d'y survivre.

« Le tigre aussi a besoin de sommeil. »

Proverbe chinois

Oui, le sommeil est un besoin naturel indispensable, primordial, ancestral. Alors, pour rester jeune et en bonne santé, le début de la solution se trouve peut-être dans votre lit.

Qu'allez-vous gagner à mieux dormir ?

Pendant la nuit, le cerveau se repose, mais continue de travailler : il fait le tri des informations emmagasinées, nettoie l'organisme, renouvelle les neurones, commande aux muscles de se reposer… En bref : **votre cerveau veille sur vous durant la nuit et règle ses petites affaires** afin d'être opérationnel et de vous accompagner efficacement durant toute la journée suivante.

Des neurones en pleine forme

Le cerveau humain est une machine fascinante. **Tout son fonctionnement repose sur le réseau neuronal**, véritable autoroute de l'information. Dans chaque cerveau humain, on dénombre entre 80 et 100 milliards de neurones ! Ils communiquent entre eux et avec le reste du corps de manière permanente par des impulsions électriques : respiration, rythme cardiaque, mouvements, parole, apprentissage, digestion… **Tout est régulé par le cerveau et ses neurones.** Il est donc essentiel d'en prendre grand soin, notamment en leur offrant le repos dont ils ont besoin.

Une dette de sommeil à durée indéterminée

En effet, il a été prouvé que le manque de sommeil entraînait une perte de neurones. Or, les scientifiques ne sont pas encore sûrs de la capacité du cerveau humain à produire de nouveaux neurones tout au long de la vie de l'individu. Il se pourrait donc que l'on subisse les conséquences de notre manque de sommeil toute notre vie...

Mieux dormir va donc permettre à votre cerveau et à vos neurones d'être en meilleure santé, plus productifs, plus efficaces. **Cela aura des répercussions positives dans votre vie quotidienne aussi bien à court qu'à long terme.**

Dormir, c'est bon pour la ligne

Dans le corps humain, tout est étroitement lié. Le fait de mal dormir implique un déficit d'énergie dans la journée, et **plus le corps est épuisé, plus il s'épuise en essayant de compenser**. Ainsi, c'est l'équilibre du système tout entier qui est mis à mal : concentration, mouvement, attention et... digestion, entre autres.

Toutes les fonctions importantes de l'organisme (et même les moins importantes) souffrent du manque de sommeil. **Lorsque l'on dort mal, tout se dérègle :** on mange de manière désordonnée, on digère mal, on est pris de ballonnements, de

douleurs abdominales... Sans compter que la fatigue n'incite pas à prendre le temps de se préparer des plats équilibrés ! On a alors plutôt tendance à se rabattre sur des plats simples prêts à consommer, trop sucrés, trop salés et bien souvent peu diététiques.

Par ailleurs, des chercheurs ont démontré que **le manque de sommeil avait une influence importante sur l'appétit**, notamment sur les hormones chargées de le réguler : la ghréline et la leptine. Selon eux, deux jours successifs de réveils précoces suffisent à dérégler le système ! **Notre chimie interne est donc extrêmement sensible** et il s'agit d'en prendre conscience afin de bien saisir la subtilité de notre équilibre dans son ensemble.

Dormir vous rend plus beau

Comme nous l'avons vu, de nombreux mécanismes se mettent en œuvre lorsque nous dormons. C'est notamment le cas du processus de réhydratation de la peau, mais pas seulement.

Durant le sommeil, le métabolisme se modifie et **assure des fonctions qui ne sont pas actives durant les phases de réveil**. Pendant les deux premières heures de sommeil, c'est le grand nettoyage : les cellules sont purifiées, les toxines éliminées et les protéines endommagées sont évacuées. C'est la phase de catabolisme. Ensuite, lorsque le terrain est bien dégagé, **l'organisme répare ce qui doit l'être**, notamment les cellules et l'ADN. C'est grâce à cela que notre visage paraît plus détendu, plus lisse et notre teint plus clair après une bonne nuit de sommeil. Ce n'est pas par hasard si l'on peut facilement affirmer d'un collègue de travail qu'il a « l'air fatigué » en observant son visage le matin devant la machine à café !

À l'inverse, lorsque le nettoyage n'a pas lieu ou n'a pas le temps de se faire correctement, **cela provoque une accumulation de déchets**, responsables de la production de radicaux libres. Ainsi, on constate que **le relâchement, la perte d'élasticité et la pigmentation irrégulière de la peau sont deux fois plus importants chez les mauvais dormeurs** ! D'autres fonctions, notamment la régénération (après un coup de soleil, par exemple), s'en trouvent également altérées.

Le sommeil, votre meilleure crème de jour !

Une Anglaise de 46 ans, Sarah Chalmers, a mené une expérience scientifique en partenariat avec la London Sleep School : alors qu'elle était habituée à dormir 8 heures par nuit, elle s'est imposé de réduire son temps de sommeil à seulement 6 heures par nuit. Résultat : un visage marqué, des yeux rougis, des pores dilatés, une peau flétrie et l'apparition de boutons. Et les crèmes dites « miracles » n'étaient d'aucun secours...

Alors, pour prendre soin de votre peau et de votre teint, il suffit peut-être de commencer par aller vous coucher...

C'est bon pour le moral !

Mens sana in corpore sano, affirmait Juvénal, un poète romain de la fin du Ier siècle, ce qu'on traduit généralement par : « Un esprit sain dans un corps sain ». En effet, **le bien-être mental passe par l'apaisement physique**, et notamment par un sommeil de qualité !

Quel plaisir en effet de se réveiller après une bonne nuit de sommeil : le corps est détendu, plein d'énergie, prêt à attaquer la journée qui s'annonce. Quand on se « lève du bon pied », **on voit la vie de manière positive et avec enthousiasme**.

Au contraire, **démarrer une journée en étant fatigué, avec l'esprit embrumé, brouillé et paresseux ne favorise qu'une chose : le stress**.

Pour certains, la sonnerie du réveil est une véritable souffrance. Et pour cause... Si la nuit n'a pas été bonne ou de trop courte durée, l'organisme est fragilisé, affecté, **il se plaint auprès de nous en nous envoyant tous les signaux possibles :** manque d'énergie, de motivation, lassitude, déprime... Il s'agit alors de se forcer à s'extirper du lit, alors que le corps et l'esprit n'ont qu'une envie : s'y cacher, s'y réfugier pour échapper à cette souffrance interne.

« Il n'est pas de douleurs que le sommeil ne sache vaincre. »

Honoré de Balzac

À terme, le manque de sommeil est extrêmement néfaste. Pour l'organisme, déjà, mais aussi pour l'esprit. C'est un facteur de stress important et le problème est que **ce stress va justement venir entraver notre endormissement et nuire à la qualité de notre sommeil**, nous plongeant dans un cercle vicieux.

D'où viennent les insomnies ?

Avant tout, si vous souffrez d'une perte de sommeil qui affecte votre santé ou votre moral, **il convient de consulter un médecin**. Notre méthode ne se substituera jamais à l'avis d'un professionnel du corps médical, mais pourra cependant vous aider à **retrouver la sérénité et la confiance** indispensables à toute démarche d'évolution personnelle.

Dans la vie, tout est lié, et il serait donc vain d'essayer de chercher une cause unique à des phénomènes aux ramifications multiples. Pourtant, il est utile ici de rappeler tous ces facteurs néfastes pour notre sommeil, du plus évident au plus subtil.

À noter

À la fin de ce guide, vous trouverez un petit carnet de notes (voir p. 169) qui vous est entièrement destiné : il vous permettra de noter les spécificités de votre sommeil (réveils nocturnes, insomnies, cauchemars, difficultés d'endormissement, etc.) et d'en suivre l'évolution. Jour après jour, inscrivez-y vos ressentis, vos sensations, vos idées, vos remarques et les solutions qui fonctionnent pour vous. Vous pouvez également y consigner vos cycles de sommeil dans le tableau dédié (voir « Mon compteur de sommeil mensuel ») afin de mieux les comprendre.
Conservez ce guide et son carnet de notes sur votre table de chevet, accompagnés d'un crayon à papier – saviez-vous d'ailleurs que la lecture est justement l'une des activités les plus propices à l'endormissement, au lit, le soir ?

Les causes physiologiques

Chaque problème de santé est susceptible de perturber votre sommeil, mais certaines pathologies sont plus fréquemment source d'insomnie : l'asthme, les maladies inflammatoires, les reflux gastro-œsophagiens, les maladies traitées par cortisone...

Les pathologies suivantes sont, quant à elle, particulièrement néfastes pour la qualité de votre sommeil :

- **Le syndrome d'apnée du sommeil :** il est dû à une obstruction du pharynx, ce qui provoque un arrêt respiratoire dont la durée est variable. Dans les cas les plus sérieux, la personne peut arrêter de respirer pendant plusieurs dizaines de secondes, plusieurs fois dans la nuit. C'est une pathologie bien connue pour laquelle il existe des solutions efficaces, mais qui n'est pas à prendre à la légère. En effet, le manque d'oxygénation nuit à l'activité cérébrale et le dormeur passe sa nuit à se réveiller avec une sensation d'étouffement ou d'angoisse.
- **Le syndrome des jambes sans repos :** il produit des sensations désagréables dans les jambes, ce qui a tendance à perturber l'endormissement ou à provoquer des mouvements intempestifs dans les membres inférieurs au cours de la nuit.
- **Les ronflements :** nous avons probablement tous un ronfleur parmi nos connaissances ! Une personne sur huit ronfle, en majorité des hommes. Lorsque les voies respiratoires sont obstruées, les poumons cherchent alors à dégager une entrée d'air, ce qui provoque une vibration du voile du palais. Que ce soit à cause de tissus adipeux excessifs dans la gorge, de grosses amygdales, d'une déformation nasale ou des excès de la veille (soirée trop arrosée, dîner trop lourd, tabagisme…), les causes sont multiples. Si vous avez tendance à ronfler, nous vous encourageons à pratiquer les exercices proposés dans cet ouvrage.

Le rôle de notre environnement

Notre environnement a une influence directe sur notre organisme et il est donc important de chercher à réduire au maximum tout ce qui pourrait venir perturber votre sommeil.

Attention aux nuisances sonores

Dans la nature, nous sommes entourés de bruits divers et variés : les oiseaux qui chantent, le vent qui fait bouger les feuilles des arbres, les vagues qui s'échouent sur la plage, les gouttes de pluie… Mais **l'environnement sonore devient source de stress lorsque l'activité humaine foisonne :** klaxons, circulation automobile, travaux, usines, voisins bruyants, télévision, appareils électriques…

Un radar actif 24 h/24

Notre cerveau capte en permanence les sons qui lui parviennent, même la nuit, car son système d'alerte ne s'arrête jamais. En temps normal, il filtre la plupart des informations auditives reçues pour ne garder que les plus importantes, c'est-à-dire celles qui pourraient annoncer une menace – il s'agit là de nos réflexes ancestraux de survie.

Depuis la nuit des temps, nous sommes habitués aux sons de la nature, notre cerveau s'y est adapté et **filtre donc aisément les informations perçues** – la plupart du temps inoffensives.

En revanche, le fait de vivre dans un environnement bruyant, en ville par exemple, oblige le cerveau à analyser plus d'informations en permanence, des informations souvent toxiques auxquelles l'être humain n'a guère eu le temps de s'habituer au regard de l'histoire de l'humanité. **C'est une charge de travail supplémentaire pour lui.**

Les bruits de notre civilisation sont bien plus agressifs que ceux que l'on retrouve dans la nature : la télé du voisin, les klaxons sous nos fenêtres... Notre organisme se crispe, il est aux aguets, mobilisant une partie de son attention pour déterminer le niveau de la menace. Même en plein milieu de la nuit.

Nous avons tous déjà fait au moins une fois l'expérience suivante : alors que nous plongeons dans le sommeil, apaisés, détendus, un bruit inconnu nous en extirpe soudain. D'une seconde à l'autre, nous voilà parfaitement réveillés, « alertes » (le terme n'est pas anodin), et tant que nous n'aurons pas identifié l'origine du bruit en question, **il nous sera impossible de nous rendormir**...

Les campagnards ne sont pas forcément en reste car l'activité humaine, même si elle n'est pas de même nature, n'en reste pas moins envahissante : travaux agricoles, aboiements intempestifs du chien du voisin, coups de fusil dans la forêt d'à côté, tondeuses matinales et autres joyeusetés champêtres sont autant de nuisances qui viennent perturber notre calme intérieur, et parfois notre sommeil.

Sans même parler de réveils nocturnes, **l'accumulation d'informations et d'alertes auditives a tendance à nous épuiser et à faire augmenter notre niveau de stress**. Notre cerveau, même s'il a évolué à travers les âges, conserve une partie primitive, instinctive, qui ne fait aucune différence entre le klaxon d'un camion-benne et le hurlement d'un loup. Submergé par ce qu'il considère comme des menaces, il se mobilise, ponctuellement, certes, mais **l'accumulation finit par l'épuiser**.

Des alertes filtrées, mais tout de même bien présentes

La nature est bien faite : notre cerveau primitif ne communique pas toutes les informations à son homologue conscient, le cerveau supérieur. Il se contente de veiller en « tâche de fond » : il analyse, fait le tri et ne lance ses alertes que lorsqu'il l'estime nécessaire afin de libérer le cerveau supérieur pour que ce dernier puisse effectuer les tâches conscientes qui l'incombent. Ainsi, l'environnement sonore s'efface petit à petit de notre conscience, mais n'en reste pas moins une source de nuisance réelle et bien présente. Il est donc important de chercher à filtrer nous-mêmes les informations avant qu'elles ne parviennent à nos oreilles.

Il est évidemment difficile de demander à notre voisin de régler ses problèmes de couple afin de nous autoriser des grasses matinées dominicales… Mais **vous avez cependant une influence sur votre environnement direct :** éteignez votre télévision lorsque vous ne regardez pas un programme, installez du double vitrage qui assurent une protection phonique et thermique, ou utilisez tout simplement une paire de bouchons auditifs.

Vous pouvez aussi vous procurer un casque audio et vous accorder des pauses-détente en écoutant des sons naturels. Vous trouverez sur Internet de nombreux contenus audio reprenant les sons du vent, de la mer, de la pluie ou d'un ruisseau ; ils vous permettront de vous isoler et d'apaiser votre cerveau !

Mon conseil pour bien dormir

Les sons ont un pouvoir puissant sur notre cerveau ; c'est pourquoi nous avons fondé notre méthode sur leurs bienfaits. Vous pouvez dès à présent écouter notre CD pour vous relaxer. Il vous apportera la détente et la relaxation que votre environnement sonore habituel ne vous permet pas forcément de trouver.

Le problème des lumières LED

Depuis plusieurs années, une nouvelle technologie s'est répandue partout autour de nous : il s'agit des lumières LED. Principalement utilisées dans la fabrication des écrans de télévision, des smartphones ou des ordinateurs, on les retrouve désormais aussi dans nos systèmes d'éclairage domestiques. Or, **leur influence n'est pas anodine**.

En effet, les LED émettent ce que l'on appelle de la « lumière bleue ». Même si elle nous paraît blanche et inoffensive, **cette lumière bleue agit directement sur notre organisme**, notamment sur la glande pinéale, responsable de la production de la mélatonine, l'hormone du sommeil, qui joue un rôle essentiel dans la régulation de nos rythmes biologiques. Ainsi, **plus on est exposé aux écrans et lumières LED, plus la sécrétion de mélatonine est inhibée**, ce qui bouleverse l'équilibre naturel.

En temps normal, notre corps sécrète naturellement de la mélatonine lorsqu'il est temps d'aller dormir. C'est un mécanisme biologique ancestral, un équilibre subtil dont la perturbation provoque évidemment des effets indésirables sur votre sommeil, **mais aussi parfois des troubles du comportement...**

Perturbations physiologiques et altération oculaire, une combinaison délétère

Par ailleurs, la lumière bleue n'est pas l'unique défaut des écrans LED. Le phénomène de scintillement est aussi pointé du doigt : maux de tête, yeux qui piquent, fatigue et sécheresse oculaires sont autant de conséquences du scintillement des écrans, imperceptible à l'œil nu mais pourtant bel et bien présent. Au final, en plus de perturber notre organisme, les lumières LED abîment nos yeux...

Actuellement, il est presque impossible de trouver des télévisions ou des smartphones qui n'utilisent pas de LED... Nous n'irons donc pas jusqu'à vous exhorter à bannir ces appareils de votre vie (une solution qui mérite pourtant d'être envisagée), cependant, **veillez à en faire une utilisation raisonnée**, notamment en évitant de vous en servir le soir, avant d'aller vous coucher, ou tard dans la nuit car **ils vous empêcheront de ressentir la sensation de sommeil et perturberont vos rythmes naturels**.

Notre conseil pour bien dormir

Il existe sur certains appareils l'option « mode nuit » (ou « night shift ») qui permettra de supprimer la lumière bleue, ou tout au moins de l'atténuer. Vous pouvez aussi vous procurer des filtres amovibles à disposer sur vos écrans, mais aussi des lunettes spéciales prévues à cet effet. Si vous portez déjà des lunettes de vue, il est également possible d'équiper vos nouveaux verres de ce système. Pour autant, cela ne supprimera pas les effets du scintillement... Attention, donc, aux expositions prolongées !

Quant aux systèmes d'éclairage domestiques utilisant des LED, il est préférable de les éviter, **au moins dans les chambres à coucher**, ou bien d'essayer de les éteindre le soir venu.

Les pratiques que nous vous proposerons ici vous permettront d'apaiser les effets des écrans et des lumières LED en détendant votre cerveau et en **favorisant sa réharmonisation avec ses rythmes naturels**.

Des ondes pas forcément positives...

L'influence des ondes électromagnétiques sur le corps humain est un sujet polémique. D'un côté, les opérateurs de téléphonie tentent de nous rassurer à grand renfort d'études scientifiques (souvent financées par eux-mêmes...) et, de l'autre, de nombreuses personnes se plaignent de symptômes liés, selon elles, aux ondes. Qu'en est-il réellement ?

Dans les faits, **on observe la multiplication et la propagation constante d'antennes de plus en plus puissantes**, donc potentiellement plus nocives, avec la bénédiction des services publics. Cette course effrénée aux réseaux et à la vitesse de connexion toujours plus efficients sert surtout ceux qui nous la vendent : les opérateurs, qui cherchent sans cesse à renouveler l'offre **pour susciter plus de demande, et donc plus de ventes...**

Dans cette énième course au progrès, au profit, nous, utilisateurs, sommes à nouveau au cœur du débat, car **premières victimes potentielles.** Chaque jour, à tout instant, notre corps est soumis à des ondes électromagnétiques. Les réseaux téléphonique et wifi en sont les principales causes.

Ainsi, depuis plusieurs années, **on a vu apparaître une nouvelle forme de pathologie : l'électrosensibilité.** Les effets décrits ne sont pas tous ressentis de la même manière par les individus : agitation, confusion, migraine, maux de tête, fourmillements dans les membres, fatigue, manque de concentration et, pour ce qui nous intéresse ici, insomnies.

Tout comme dans le cas des pesticides, par exemple, c'est encore une fois **l'accumulation de l'exposition aux ondes électromagnétiques qui semble néfaste**. Téléphones portables, modems wifi ou fours à micro-ondes sont autant de sources d'ondes potentiellement néfastes pour votre sommeil, sans parler des antennes-relais !

Les champs électromagnétiques : invisibles, mais pas inoffensifs

Ils ont fait débat ces derniers temps : les champs électromagnétiques induits par la mise en place de la 5G. Il s'agit de la cinquième génération de réseau mobile – en bref : le ultra-haut débit. La 5G utilise de très hautes fréquences, utilisées jusque-là exclusivement par l'armée, la météorologie ou le Centre national d'études spatiales. Or, son déploiement vers le grand public soulève la polémique, notamment sur la santé. En 2017, plus de 170 scientifiques prévenaient de ses dangers : « La 5G augmentera l'exposition aux champs électromagnétiques de radiofréquence. [...] Les effets sont : un risque de cancer, de stress cellulaire, de radicaux libres nocifs, de dommages génétiques et du système reproducteur, de déficits d'apprentissage et de mémoire, de troubles neurologiques ». Ce qui nous rappelle évidemment les troubles liés au manque de sommeil...
Certes, la 5G déploiera des ondes plus fortes que les réseaux actuels, mais les effets de ces derniers, bien que moindres, n'en sont pas moins réels.

Là encore, nous ne vous suggérerons pas de bannir tous ces appareils, mais au moins d'en adapter l'usage ; voici quelques conseils :

- **Utilisez des kits mains-libres avec fils pour téléphoner** (et non pas en Bluetooth, qui revient à remplacer le problème par un autre problème).
- **Coupez votre téléphone la nuit** ou, au moins, le laisser dans une autre pièce que celle où vous dormez.
- **Couper votre modem Internet lorsque vous ne vous en servez pas** est aussi une bonne idée, et même si vous vivez dans un immeuble, entouré par les dizaines de réseaux de vos voisins, vous ferez au moins des économies d'énergie !

Si vous vous trouvez à proximité d'une antenne-relais, il vous sera évidemment difficile d'aller la débrancher chaque nuit avant d'aller dormir... Pour autant, **notre méthode vous permettra de vous recentrer et de provoquer une réharmonisation cellulaire**, ce qui vous soulagera considérablement si vous souffrez d'électrosensibilité.

Un air intérieur pollué

Beaucoup d'entre nous passent la majorité de leur temps enfermés, et cela est d'autant plus vrai lorsque nous dormons ! **Le problème est que nos intérieurs sont bien souvent plus pollués que l'extérieur** (de l'ordre de 5 à 7 fois plus !) : revêtements thermiques, isolants, peintures, détergents, déodorants, etc., libèrent des composés organiques néfastes pour l'organisme, ce qui peut **contribuer au développement de pathologies** (asthme, rhinite, toux, migraines...) qui vont perturber notre sommeil.

Là aussi, il est donc important de s'en préoccuper et d'essayer d'adapter nos habitudes afin de réduire notre exposition :

- Si vous êtes fumeur, **fumez de préférence à l'extérieur**, ou si ce n'est vraiment pas possible, aérez autant que possible votre habitation.
- **Pensez à activer la ventilation** (si vous en avez une) lorsque vous cuisinez.
- Veillez également à **changer régulièrement les filtres** de vos appareils de filtration.
- En règle générale, évitez d'utiliser des produits dont les vapeurs chimiques pourraient s'accumuler, notamment **les bougies industrielles parfumées et les parfums d'ambiance (chimiques)**.
- **Nettoyez les filtres** de votre système de climatisation et assurez-vous de son entretien régulier.
- Surtout, **aérez quotidiennement votre logement**, et notamment votre chambre à coucher !

On aère même en hiver !

Pour bien aérer son logement, il faut ouvrir grand ses fenêtres quotidiennement, durant 5 à 10 minutes, idéalement le matin (ou, à défaut, le soir), et ce même en hiver !

Notre méthode accorde une place primordiale à la respiration ; **il est donc important de veiller à accroître la qualité de l'air que vous respirez !**

Dans l'univers, tout est vibration, et « le champ vibratoire » a considérablement évolué ces dernières années. Notre civilisation dite « de progrès » entraîne de nombreuses perturbations physiques et psychiques qui sont de plus en plus relatées et révélées.

Pollution de l'air, de l'eau, de la terre ; pesticides, antennes de téléphonie mobile, appareils électroniques, Internet... **Tous ces phénomènes perturbent notre équilibre** et influent sur notre forme physique et psychique.

C'est aussi la raison pour laquelle nous travaillons depuis tant d'années sur la vibration sonore, la musique et la voix : nos programmes audios permettent justement une « réharmonisation cellulaire », un recentrage et un apaisement global du corps et de l'esprit qui favorisent le sommeil.

Nous recommandons donc aux personnes qui se sentent nerveuses, irritables parfois, sans en trouver le motif, de se protéger à la maison **et particulièrement dans la chambre**, de façon à éviter toute pollution chimique et électromagnétique susceptible de nuire à leur sommeil.

Une chambre « antisommeil »

Nous passons presque un tiers de notre existence à dormir. Pourtant, on constate bien souvent que **les chambres à coucher sont encombrées d'objets qui n'ont a priori rien à faire là :** téléviseurs, ordinateurs, tablettes, téléphones portables, dossiers professionnels, appareils électriques divers...

La chambre devrait être un véritable temple du sommeil, un lieu de ressourcement dénué de tout élément perturbateur.

On constate d'ailleurs parfois qu'un grand soin est apporté à ces aménagements inutiles (télévision accrochée au mur, par exemple) alors que **le principal objet, le lit, est paradoxalement trop souvent négligé**.

Une bonne literie est en effet la base d'un bon sommeil. Rappelons que **nous passons quasiment un tiers de notre temps dans notre lit** ! Là encore, il est surprenant de constater que beaucoup de personnes sont prêtes à dépenser des centaines d'euros pour un canapé qui leur permettra de regarder la télévision confortablement, mais qu'elles ne semblent pas aussi intéressées par la qualité du matelas sur lequel elles passeront selon toute vraisemblance beaucoup plus de temps...

Une literie en mauvais état ou de piètre qualité favorise les douleurs dorsales et musculaires, ce qui n'est évidemment pas souhaitable ! **Il est donc essentiel de ne pas négliger ce point.** Nous vous donnerons plus de conseils d'aménagement à la fin de cet ouvrage (voir p. 147).

Les mauvaises habitudes

Trop souvent, nous ne faisons plus attention à nos petites habitudes du quotidien et surtout aux **conséquences qu'elles peuvent avoir sur notre santé et notre organisme**. Pourtant, de petits changements ont souvent de grandes et belles répercussions sur notre vie de tous les jours.

Voici un petit tour d'horizon des mauvaises habitudes qui pourraient contribuer à altérer la qualité de votre sommeil.

La sédentarité

C'est un problème de santé public lié à notre mode de vie. Dans la nature, **notre espèce a toujours été habituée à marcher pour se déplacer**, que ce soit pour chasser ou aller chercher de l'eau. Mais depuis plus d'un demi-siècle, **la voiture a largement supplanté les moyens physiques de locomotion**, devenant même un symbole de liberté.

Finalement, que ce soit dans une voiture, dans un bus ou sur un siège de bureau, **nous passons beaucoup trop de temps assis.** La sédentarité nuit à la qualité de notre sommeil car la charge physique quotidienne induite tend à diminuer de plus en plus, au bénéfice (mais pas pour notre santé) de notre charge mentale.

Il est donc essentiel de compenser ces périodes d'inactivité en faisant de l'exercice, même ponctuellement. L'OMS (Organisation mondiale de la santé) recommande au moins 20 minutes d'exercice physique par jour, par exemple de la marche rapide.

Nous reviendrons un peu plus loin sur l'importance de pratiquer une activité physique régulière (voir p. 136).

Une alimentation trop lourde

Tout comme le sommeil, **notre alimentation joue un rôle primordial dans notre équilibre interne.** Il ne faut donc pas sous-estimer son influence sur la qualité de vos nuits, notamment lors du repas du soir.

La digestion est en effet un processus qui nécessite beaucoup d'énergie. Un repas trop copieux ou trop gras va réclamer beaucoup d'efforts pour être digéré et **il convient donc d'adopter une alimentation la plus légère possible pour vos dîners**. Une digestion difficile peut ainsi provoquer des réveils intempestifs ou des rêves angoissants.

La consommation d'alcool

À faibles doses, l'alcool favorise certes la somnolence et l'endormissement... mais nuira cependant à la qualité de votre sommeil ! La raison en est simple : après avoir provoqué l'endormissement, **l'alcool entraîne une sécrétion d'adrénaline et bloque l'entrée du tryptophane** (un acide aminé précurseur de la mélatonine) dans le cerveau. Ces deux effets conjugués empêchent, à terme, le sommeil profond de s'installer.

On constate d'ailleurs aisément que si l'on sombre assez rapidement dans le sommeil après une soirée bien arrosée, **le réveil est généralement plus compliqué :** bouche pâteuse, migraine, mauvaise humeur... bref, c'est la gueule de bois ! Et chacun sait que ce n'est pas le signe d'une nuit reposante.

Le tabac

Même si cela peut paraître moins évident que pour l'alcool, **la consommation de tabac entraîne pourtant des difficultés d'endormissement et une somnolence matinale**. En cause, la nicotine : c'est un stimulant qui nous maintient en éveil et altère notre sommeil.

Si vous êtes fumeur, **évitez donc au maximum de consommer du tabac avant d'aller vous coucher**, car cela ne fera que dégrader la qualité de votre sommeil.

Les produits caféinés

La caféine a également un effet stimulant sur notre cerveau : elle bloque l'action de l'adénosine (un autre acide aminé qui favorise le sommeil) et inhibe la sécrétion de mélatonine. **Il est donc évident qu'il faut éviter d'en consommer avant de dormir...**

Des effets qui durent dans le temps

Il faut aussi garder à l'esprit que les effets de la caféine perdurent jusqu'à 6 heures dans l'organisme ! Alors prenez garde aux pauses-café tardives.

De manière générale, nous recommandons d'éviter autant que possible la consommation de caféine si vous souffrez d'insomnies. Cela inclut bien sûr le café, **mais aussi les boissons sucrées qui pourraient contenir de la caféine** (certains sodas et thés glacés, notamment).

Le cannabis

Le cannabis produit des effets anxiolytiques et sédatifs. Il est d'ailleurs utilisé dans le domaine pharmaceutique pour la production de certains médicaments. Cependant, utilisé régulièrement de manière « récréative », **il produit des effets néfastes pour votre sommeil.**

Il agit en effet (lui aussi) sur la production de mélatonine, ce qui peut perturber vos rythmes naturels de sommeil. De plus, **il raccourcit la durée du sommeil paradoxal et altère les fonctions intellectuelles**.

Contrairement à ce que certains pourraient penser, **il ne s'agit donc pas du tout d'une bonne solution pour vous aider à vous détendre et à trouver le sommeil** ! Car, outre le fait qu'il perturbe votre équilibre interne, le cannabis peut provoquer des pertes de mémoire, une démotivation, voire de l'anxiété ou des crises de panique pour les consommateurs les plus assidus...

Si chacun des éléments énumérés ici ne peut, à lui seul, expliquer l'insomnie, **ils contribuent en revanche à accentuer le phénomène** et, pour la plupart, renforcent les déséquilibres internes.

Aussi, **il convient tout d'abord de prendre soin de soi**, car tout ce qui influe sur notre organisme est potentiellement source de stress, et c'est sûrement là le pire ennemi de votre sommeil.

Chapitre 2

LE STRESS, GRAND ENNEMI DU SOMMEIL

Si plusieurs facteurs externes peuvent contribuer à renforcer le phénomène d'insomnie, le plus grand ennemi de vos nuits reste le stress, et notamment ce que nous appelons le « self-stress », celui que nous fabriquons nous-mêmes.

Anxiété, inquiétude, agitation, peurs, appréhension... Réfléchissez-y un instant : à quoi pensez-vous lorsque vous êtes seul dans votre lit, le soir, avant de vous endormir ? Est-ce que vous vous repassez le film que vous venez de regarder ? Est-ce que vous pensez à vos loisirs favoris ? À toutes ces choses qui vous apportent de la joie au quotidien ? Il est fort probable que non... Lorsque le sommeil nous échappe, nos pensées sont souvent tournées vers les contrariétés, les frustrations et les problèmes qui nous encombrent au quotidien.

Le stress, un allié à double tranchant

Chacun de nous est différent et notre rapport au stress est très variable : certains ont besoin de stimulation constante et de mouvement dans leur vie, ils aiment par exemple vivre en ville et semblent comme des poissons dans l'eau au milieu de l'agitation ambiante ; d'autres, au contraire, ont besoin de calme, d'apaisement, d'un lieu de recueillement où se ressourcer pour trouver la sérénité.

Dans un cas comme dans l'autre, **le stress est nécessaire car c'est un réflexe vital**, ancestral. Lors des phases d'alerte, il nous permet de réagir plus rapidement face à la situation. Cependant, si la tension devient trop forte, trop récurrente, **le stress devient alors nuisible**, car il tend ainsi à modifier notre comportement et notre perception des événements, ce qui peut finir par devenir néfaste pour nous.

Prenons le cas d'un étudiant en période de révisions : à l'approche de son examen, l'enjeu se fait sentir et le niveau de stress augmente. **Il mobilise ainsi plus de ressources afin de mener à bien ce défi imminent**, mais si la charge mentale (ou physique) devient trop forte, **il va devoir compenser**, par exemple en écourtant ses nuits afin de disposer de plus de temps pour réviser, ou bien va tout simplement avoir plus de mal à s'endormir... Et c'est le cercle vicieux qui commence, car le stress, lui, reste bien présent, bien ancré, et **ne fait que se renforcer en même temps que la fatigue et la tension augmentent**.

Dans ce genre de situations, on aura trop souvent tendance à recourir à des excitants (caféine, compléments, médicaments en tout genre...) afin de compenser la perte d'énergie, mais aussi parfois à des calmants voire à des drogues (alcool, tabac, cannabis...) pour essayer, parallèlement, de décompresser. Finalement, **on essaie de colmater les fuites**, mais notre vitalité, elle, continue à s'amenuiser, aux dépens de notre santé !

Alors, si le stress est une aide utile pour donner une impulsion propice à la mise en action, à terme, il nous épuise, nous vide de toute énergie, ne nous laissant d'autre choix que de recourir à des subterfuges parfois dangereux, et aux effets contre-productifs (perte d'appétit, baisse de vitalité, affaiblissement du système immunitaire, modification de l'humeur, capacités cognitives dégradées...).

Heureusement, ce n'est pas une fatalité. **Il faut avant tout comprendre les mécanismes du stress pour mieux les repérer** et savoir s'en prémunir efficacement tout en préservant sa santé.

D'où vient le stress ?

Dans nos sociétés modernes hyperconnectées, toujours plus rapides et exigeantes, **les sources de stress sont légion**. Que ce soit au travail, entre amis ou à la maison, les raisons de se « faire de la bile », du « mouron », ne manquent pas, et cela peut avoir une influence considérable lorsque, une fois seuls le soir venu, du fond de notre lit, nous essayons de faire le point sur la situation.

Les causes extérieures du stress

Malgré les avancées considérables réalisées ces dernières décennies (santé, technologie, sciences...), notre société dite

« de progrès » semble parfois bien impuissante face aux nouveaux défis qu'elle a elle-même créés : dégradation de l'environnement, pesticides, pollution sonore, paupérisation, guerres, attentats, violence... **Autant de sources d'inquiétude** (et donc de stress) pour quiconque essaie d'envisager son avenir et celui de ses enfants au sein de notre société. En outre, le contexte économique global et les effets de la mondialisation apportent une pression supplémentaire, notamment sur les travailleurs.

Notre rythme de vie, toujours plus rapide, **semble mené par l'idée qu'il nous faut tout faire, tout réussir, tout entreprendre**, au risque d'être dépassés par le monde et ses promesses : travail, amis, sport, santé, loisirs... Nous développons une incapacité croissante à nous arrêter ! Sans compter ces écrans, omniprésents, désormais jusque dans les espaces publics : métros, gares ou même au beau milieu de la rue...

Ces sollicitations constantes, parfois agressives, ne nous laissent que peu de répit pour réfléchir à ce que nous voulons vraiment, **ce dont nous avons réellement besoin**. Or, ce dont nous avons absolument besoin, ce sont des moments avec nous-mêmes, des interludes de ressourcement pour souffler un peu, réfléchir, paresser, rêver (sans suggestions publicitaires) et **même pour ne rien faire du tout** !

Le moment où nous nous couchons devrait ressembler à cela : **un sas de décompression entre le tumulte de la journée et le calme reposant de la nuit** ; un moment privilégié avec nous-mêmes, apaisant, et non pas une sorte de brouhaha fait d'inquiétudes, de désirs suggérés, de besoins artificiels et de cette idée qu'il faut aller toujours plus vite, toujours plus loin, au risque d'être « largués » par le monde et par ceux qui nous entourent.

Le self-stress

Parfois (souvent ?), nous souffrons d'un stress plus pernicieux, moins connu, provoqué notamment par l'inquiétude et le manque de confiance en soi. Car la réalité, si elle est une source de stress, **nous met surtout face à nos propres inquiétudes**, notamment celle de ne pas être à la hauteur, de ne pas être « capables ». Finalement, **c'est notre difficulté à nous adapter à la réalité qui crée le « self-stress »**.

Le self-stress, c'est le stress que l'on se crée soi-même, notamment le soir, avant de dormir, lorsque tout est calme et que nous nous retrouvons face à nos propres questionnements : on rumine, on ressasse des pensées négatives et **celles-ci viennent renforcer notre inquiétude**. Pas étonnant alors que nous n'arrivions pas à trouver le sommeil !

Une épreuve ? Un examen ? Un dossier important à traiter au travail ? Une complication familiale ? Et c'est la machine du stress interne qui se met en marche ! **Elle alimente nos peurs, nos angoisses, entame notre confiance et nous entraîne dans des considérations peu valorisantes.**

« Là où loge le souci, le sommeil ne s'abat jamais. »
William Shakespeare

Le problème, c'est que nous sommes bien trop souvent plus préoccupés par notre passé et notre futur que notre présent. **Nous ne sommes pas assez présents à notre présent !**

La bonne nouvelle, c'est que si nous sommes capables de créer notre propre stress, nous sommes également en mesure d'inverser la tendance et de reprendre le contrôle ! Si nous sommes capables d'imaginer les pires scénarios catastrophes, **il est tout aussi envisageable de nous représenter les meilleurs**.

Le cerveau est une machine logique, il ne fonctionne pas au hasard, il ne réagit pas de manière aléatoire. En reprenant le contrôle de vos pensées, **vous retrouverez le contrôle de vos émotions** – ce n'est qu'une question de pratique !

Comment ça marche ?

Le stress est un réflexe naturel chez l'Homme, qui lui permet de s'adapter au milieu dans lequel il évolue. Même si nous ne sommes pas tous égaux face à ce phénomène, la réaction biologique qui en est à l'origine est pourtant identique chez chacun d'entre nous.

Voyons un peu plus en détail comment cela fonctionne.

Une action à différents niveaux

Tout commence par un stimulus, un déclencheur : immédiatement, notre corps se crispe, nos muscles se tendent, notre cœur s'emballe, l'estomac se noue. **C'est la phase d'alerte.** Nous connaissons tous ce sentiment particulier, cette sensation d'arrêt dans le temps, comme si toutes nos pensées s'évaporaient subitement : le regard est aiguisé, les sons deviennent plus distincts, le souffle se renforce, le corps tout entier se mobilise en un éclair, prêt à bondir ou à fuir...

Cette mise en alerte quasi instantanée est provoquée par la partie la plus primitive de notre cerveau : le cerveau reptilien, aussi appelé archéocortex. **C'est lui qui gère nos comportements de survie immédiate**, mais aussi nos fonctions vitales (faim, soif, sommeil, thermorégulation...) sans même que nous ayons à y penser.

Il contrôle également différents systèmes nerveux, dont le système nerveux sympathique. C'est lui qui provoque la libération d'une hormone à qui l'on doit notre survie depuis la nuit des temps : l'adrénaline.

L'adrénaline est sécrétée par les glandes surrénales, situées au-dessus des reins, et provoque toute une série de réactions physiques (accélération du rythme cardiaque, libération de sucre par le foie, amélioration de la mémoire, de la vision, de la réflexion...) qui vont nous permettre de **faire face immédiatement et efficacement au danger**.

À l'inverse, le système nerveux parasympathique (également sous le contrôle du cerveau reptilien) est chargé de **réguler notre organisme afin de faire baisser la tension** et de nous ramener au « rythme de croisière » lorsque la menace est passée. Il utilise pour cela des neurotransmetteurs tels que l'acétylcholine, mais aussi des endorphines, qui ont un effet apaisant sur l'organisme.

Un équilibre entre sympathique et parasympathique s'installe donc afin de réguler nos fonctions efficacement et **de nous permettre de nous adapter aux différentes situations**.

Le problème, c'est lorsque cet équilibre est rompu : une dominante parasympathique donne des individus insensibles aux stimuli extérieurs, tandis qu'un surcroît de stimulation du sympathique produit un épuisement physique dû à une excitation constante du système par l'adrénaline.

Nous sommes des animaux penseurs

Depuis son origine primitive, notre cerveau a évolué et s'est doté de fonctions plus élaborées. Outre notre cerveau reptilien, nous possédons un « deuxième étage » : le cerveau émotionnel, ou paléocortex. **C'est lui qui emmagasine nos expériences, c'est pourquoi on l'appelle le « cerveau de la mémoire ».** C'est lui qui nous permet de donner une signification affective aux événements, car il fait le lien entre nos émotions et ce que nous vivons, construisant ainsi **une sorte de « répertoire » émotionnel qui forgera la base de notre caractère et de notre personnalité**.

Au dernier étage de notre cerveau se situe le néocortex, **siège du mental, de la pensée consciente et de la logique**. C'est lui qui a fait de l'Homme un « animal penseur », capable de construire, de produire des idées nouvelles, d'écrire, de modifier (voire de détruire) son environnement…

Même si ces trois cerveaux communiquent et travaillent ensemble d'une manière parfaitement fluide et invisible, **il arrive que le côté primitif prenne le dessus**, déclenchant des alertes trop fréquentes face aux agressions du monde qui l'entoure et qu'il ne comprend pas toujours. En effet, pour le cerveau reptilien, nous vivons encore dans la jungle, nous luttons pour notre survie et, **pour lui, les dangers mortels sont bien réels**, même s'il est bien peu fréquent de se faire attaquer par une meute de loups à un arrêt de bus !

C'est donc la surstimulation de notre système sympathique qui conduit à des réactions « préhistoriques » et qui nous épuise, au point de nous rendre incapables d'évoluer de manière sereine dans notre environnement.

Les effets du stress...

... sur notre corps

Un individu soumis à trop de stress, trop longtemps, va finir par vivre constamment dans l'anxiété, empêtré dans des émotions paralysantes voire des troubles du comportement. Évidemment, **cela aura des répercussions importantes sur la qualité de son sommeil...**

Insomnies, irritabilité, sensation d'épuisement, somnolence en journée, fatigue, hypersomnie... Autant de symptômes caractéristiques d'un surmenage dû au stress ! Au-delà de ça,

la sursollicitation permanente de l'organisme peut mener à des pathologies chroniques (mal au dos, au ventre, ulcères...), mais aussi à différents troubles internes qui ne feront que renforcer les déséquilibres, le mal-être et, au final, la sensation de stress : anorexie, boulimie, palpitations, maladies cardio-vasculaires... La liste est longue !

Le risque, c'est de laisser cette situation s'installer. Nous vivons tous des épisodes de vie plus ou moins agréables, plus ou moins intenses, mais ils restent généralement passagers, temporaires. Le problème, lorsque le stress s'installe, **c'est qu'il conduit à des réactions en chaîne, à un cercle vicieux dont il est parfois difficile de s'extraire.**

Dans cette boucle qui semble parfois sans issue, le sommeil joue un rôle capital, car **il permet justement à l'organisme de se reposer, de se détendre et de regagner sa vitalité**. Tout ce que le stress ne permet pas !

... sur notre comportement

Lorsque le corps est affecté, l'esprit l'est généralement aussi, et c'est finalement notre comportement qui tend à changer.

Les principaux symptômes d'un stress chronique sur le comportement sont :

- l'irritabilité ;
- des difficultés à se concentrer ;
- une sensation de confusion intellectuelle ;
- des moments de découragement ;
- un manque d'enthousiasme ;

- une inquiétude récurrente, voire des crises de panique ;
- une dépendance au tabac, à l'alcool, aux médicaments ou aux drogues ;
- la procrastination ;
- des moments de tristesse inexpliqués ;
- et des problèmes de sommeil, évidemment…

Cette liste n'est pas exhaustive, mais donne un aperçu des conséquences néfastes que peut avoir le stress dans notre vie et, parfois, dans la vie de nos proches…

Au regard de tous ces éléments, on comprend que **le principal ennemi de notre sommeil, c'est le stress** !

Quelles solutions pour se libérer du stress ?

Tout au long de cet ouvrage, vous découvrirez que vous avez la faculté de reprendre le contrôle sur les réactions « préhistoriques » de votre cerveau reptilien. **Vous allez créer vous-même un espace de calme et de sérénité** afin de mettre un peu de distance entre vos difficultés et vous-même. **Vous allez remplacer les émotions négatives par des émotions positives.**

Oui, vous avez le contrôle sur vous-même. Vous n'êtes pas esclave de ce qui vous accable. Le calme intérieur que vous allez retrouver va vous permettre de dissoudre vos difficultés, vos peurs et votre anxiété. **Vous allez ainsi vous réapproprier vos émotions afin de réagir en conscience aux événements.** Vous allez vous régénérer au lieu de vous épuiser.

À noter

Ne vous découragez pas si vous ressentez des difficultés à entrer dans un état de relaxation. Ne cherchez pas à induire un état particulier, ne forcez pas votre esprit. Laissez-vous plutôt guider, sur notre CD, par la musique et par la voix.

Le calme et la sérénité sont les clés qui vous ouvriront la porte d'un sommeil apaisé et reposant. De cette façon, vous amorcerez un processus vertueux ! Cela ne passe pas par des préceptes ésotériques, mais bien par **la compréhension et l'apprivoisement de ce qui fait de vous la personne unique que vous êtes**.

Cela peut vous paraître complexe, à première vue, surtout si vous traînez avec vous des casseroles qui empoisonnent vos journées et vos nuits ; **pourtant, la sérénité est un état de bien-être auquel chacun de nous peut accéder**. Pour cela, il nous faut faire appel à des capacités trop souvent négligées : maîtrise de la respiration, imagination créatrice, conscience de soi, confiance en soi, sensorialité.

Ces dispositions existent en chacun de nous – **il nous appartient juste de les faire émerger**. Notre méthode va justement vous permettre de les reconnaître et de les développer afin de les maîtriser pleinement, facilement, dès que vous en ressentirez le besoin.

Vous êtes prêt ? Alors allons-y !

Chapitre 3

NOTRE MÉTHODE POUR VAINCRE L'INSOMNIE

Comme nous l'avons vu dans le chapitre précédent, le stress est l'ennemi principal de votre sommeil. Notre méthode se fonde donc sur votre capacité naturelle à renverser la balance, à reprendre le contrôle. Il ne s'agit pas seulement de vous apaiser ponctuellement, puis de retrouver le tumulte interne qui vous affecte, mais bel et bien de créer un espace de calme intérieur et durable dans lequel vous pourrez venir vous ressourcer lorsque bon vous semblera.

Pour cela, nous avons mis au point une méthode qui vous permettra de percevoir et de diriger les mécanismes de vos émotions et de vos alertes afin de rééquilibrer votre organisme et de retrouver l'harmonie.

Le rôle de la musique et de la voix

La voix et la musique vont faciliter le lâcher-prise et apaiser la volonté qui, souvent, contredit voire interdit la détente. **Car la détente, c'est comme le sommeil : plus on la cherche, moins on la trouve.**

Dès le sixième mois de la vie, le fœtus perçoit déjà la voix de sa mère ainsi que de nombreuses vibrations sonores. Il mémorise alors ce qu'il entend. C'est pourquoi **la voix a un impact exceptionnel sur la détente et le système neurovégétatif** ; c'est la raison pour laquelle elle occupe une place centrale dans nos compositions.

La musique qui l'accompagne n'est pas un simple fond sonore, elle a une véritable vocation thérapeutique. Fruit de plusieurs années de recherches, **elle a été composée pour générer une détente profonde**. Le travail sur les sons, les vibrations et les textures facilite et amplifie les effets de la relaxation en créant un environnement sécurisant et apaisant qui évoque le cocon matriciel.

À noter

Il n'existe pas de méthode miracle ! La nôtre est rendue plus accessible par la voix guide et la musique que nous avons spécifiquement conçue pour l'accompagner, mais les résultats seront d'abord à la hauteur de votre implication.

Durant votre écoute du CD, la voix vous fera des suggestions, mais vous serez libre de créer votre propre espace de détente, car **celui-ci n'appartient qu'à vous** !

Nous vous invitons à écouter le CD une première fois, simplement pour vous détendre.

Tout commence par la respiration

Plage n° 1 du CD

Respirer est le premier réflexe du nouveau-né lorsqu'il vient au monde. Cela constitue aussi la première étape de la détente du corps.

À noter

Nos cellules ont besoin d'oxygène pour vivre, et seule la respiration peut leur en apporter. Les expirations, elles, chassent les toxines et participent au nettoyage de l'organisme. Vous pouvez déjà commencer par faire des respirations tout au long de la journée : régulièrement, prenez le temps de respirer profondément pendant quelques minutes, c'est essentiel. Adoptez une respiration profonde, plutôt par le ventre, inspirez l'énergie vitale !

Inspirez l'énergie vitale

Nos émotions influent directement sur notre respiration. Lorsque nous sommes sous pression ou soumis au stress, elle se fait plus courte, plus rapide et plus haute. Au contraire,

en état de relaxation, elle sera plus lente, plus profonde et située au niveau du ventre.

Nous avons souvent remarqué que beaucoup de personnes ne respiraient pas « bien », c'est-à-dire que leur respiration se situait plutôt dans le haut de leur corps. Nous sommes d'ailleurs rarement conscients de la façon dont nous respirons : c'est un réflexe automatique, vital, et **nous considérons peut-être** (à tort) **qu'il n'y a pas de « bonne » façon de respirer**.

Pourtant, vous allez le constater vous-même, maîtriser sa respiration permet de rééquilibrer l'organisme, de diminuer les tensions et de réduire le niveau de stress car, **lorsque le corps est crispé, il fonctionne sous la contrainte**, ce qui ne lui permet pas d'assurer ses fonctions de manière optimale. C'est ainsi que nous nous épuisons, car notre corps ne fait que « forcer » pour essayer de suivre le rythme...

Comme nous l'avons vu, **les désordres internes renforcent toujours plus le niveau de stress**, ce qui ne contribue pas à bien dormir. Pour commencer, nous allons donc vous montrer des exercices simples pour reprendre le contrôle de votre respiration.

▶ L'importance de la respiration abdominale

C'est dans le ventre que se concentrent nos besoins les plus élémentaires, mais aussi nos émotions. D'ailleurs, saviez-vous que notre ventre contenait plus de 500 millions de neurones ? Ce système est appelé le « système nerveux entérique » et contrôle une grande partie des fonctions digestives. D'ailleurs, cela fait des centaines d'années que la médecine chinoise l'a bien compris ! Mais ce n'est que récemment que la médecine occidentale intègre peu à peu ce concept, **pourtant essentiel à la compréhension de notre équilibre interne.**

On peut donc dire que nous possédons un deuxième cerveau au niveau du ventre ! D'où l'importance de la respiration abdominale.

Mettez-vous en condition

Avant de découvrir vos premiers exercices, prenez le temps de créer les conditions de votre relaxation : libérez une plage horaire durant laquelle vous ne serez pas dérangé, habillez-vous de vêtements confortables et débranchez votre téléphone. Les « rituels » ont toute leur importance dans votre démarche : un lieu, une musique, des odeurs, des sons, des couleurs...

Le simple fait de préparer votre séance vous procurera déjà un effet apaisant, car l'organisme fera immédiatement le lien entre la situation et les souvenirs agréables qui y sont associés.

Une respiration calme, profonde et complète va vous permettre d'exercer un massage du ventre et de tous ses organes, **ce qui procurera une vraie relaxation à tout l'organisme en libérant les tensions**. De plus, la ventilation pulmonaire va aider le foie à nettoyer votre corps de toutes les toxines qui le polluent.

Respirez avec le ventre

- Posez vos mains sur le ventre afin de bien sentir les mouvements de votre respiration.
- Gonflez votre ventre en inspirant par le nez, comme si c'était un ballon.
- Expirez par la bouche, le plus lentement possible, en abaissant le ventre. Videz complètement vos poumons.
- Inspirez à nouveau par le nez, le plus profondément possible, et retenez l'air quelques instants dans vos poumons, puis expirez par le nez.
- L'expiration doit être la plus longue possible pour favoriser la détente.
- Répétez plusieurs fois cet exercice afin d'en ressentir pleinement les effets.

De longues inspirations permettent d'apporter un surplus d'oxygène qui nourrira vos cellules en profondeur. Les expirations chasseront les toxines. **C'est ainsi que votre organisme s'en trouvera assaini et apaisé.**

Mon conseil pour bien dormir

Les exercices de respiration sont particulièrement adaptés le soir, avant de vous coucher, car ils vont vous permettre d'évacuer les tensions de la journée et de vous débarrasser de nombreuses toxines néfastes au sommeil.

L'histoire de Déborah

« Déborah a 25 ans, elle est étudiante en médecine. Je l'ai rencontrée à la veille de ses examens. C'est une jeune fille souriante et qui semble épanouie, mais le jour des examens, elle stresse et perd tous ses moyens. Il lui arrive de passer des nuits blanches à la veille de ses épreuves tant elle appréhende de ne pas être à la hauteur.

Elle respire avec le haut du corps, bloque son diaphragme et a la sensation d'étouffer. Je lui ai appris à respirer par le ventre et cela lui a vraiment permis de relâcher la pression et de retrouver le calme au moment voulu. Nous avons particulièrement travaillé la respiration abdominale, car elle peut se pratiquer facilement avant une épreuve mais aussi pendant la nuit, pour favoriser le sommeil.

Depuis, Déborah sait gérer ses angoisses nocturnes et elle se rend à ses examens sans la peur d'échouer, en se montrant au niveau de ses capacités. »

Ouvrez votre diaphragme

Le diaphragme est un muscle large et mince, **ce qui le rend très sensible** ! Il réagit donc beaucoup aux stimulations, et notamment au stress.

Lors d'une inspiration, le diaphragme descend vers le ventre pour augmenter le volume pulmonaire. Il remonte lors de l'expiration pour chasser l'air. Quand une émotion désagréable nous affecte, **il se contracte et nous avons alors du mal à respirer correctement**, comme si un poids nous écrasait le torse. On peut alors ressentir une sensation d'étouffement, **car on ne respire plus que par le haut du corps**.

Les conséquences sont multiples, allant de la simple gêne au mal de dos, en passant par des nausées, une fatigue chronique, des réveils nocturnes ou des difficultés d'endormissement.

Travailler sur cette zone sensible va vous permettre de libérer les tensions et d'approfondir votre respiration.

La détente du diaphragme

- Le but de cet exercice est de prendre conscience de votre diaphragme.
- Vous pouvez rester en position debout, assise ou couchée. L'essentiel est d'être à l'aise et détendu.
- Posez votre main sur votre abdomen afin de ressentir ses mouvements et de les accompagner. Ressentez la chaleur de vos mains. Vous pouvez aussi faire de petits mouvements circulaires afin de détendre votre torse.

- Inspirez par le nez. Votre ventre se gonfle en premier, puis le diaphragme s'ouvre afin de laisser remonter l'air vers le haut.
- Expirez lentement par le nez ou la bouche. Contractez vos muscles afin d'évacuer le plus d'air possible, comme si vous cherchiez à pousser votre nombril vers le dos.
- Répétez cet exercice régulièrement, pendant quelques minutes. Cela vous aidera à détendre toute cette région et à libérer les tensions.

Prendre conscience de votre corps et de ses mouvements **va vous permettre de mieux les comprendre et donc de mieux les maîtriser**. Avec la pratique, vous deviendrez peu à peu plus attentif et donc plus réactif afin de ne pas laisser les tensions s'installer.

À noter

Le corps humain est très sensible aux émotions, il les « imprime ». C'est cela qui crée les tensions, et ensuite les troubles... Le fait de repérer les tensions lorsqu'elles apparaissent permet donc d'être plus présent à nos émotions.

Cherchez l'équilibre

Le plexus solaire est situé dans le creux de l'estomac, entre le sternum et le nombril. Il habite un réseau de nerfs qui desservent tout le ventre (estomac, foie et rate), **c'est donc également une zone très sensible.**

On agit beaucoup sur le plexus solaire en sophrologie, mais aussi dans le yoga ou les arts martiaux. C'est le centre de la confiance en soi. **Lorsqu'il est équilibré, il nous « porte » et nous permet de rayonner de l'intérieur, comme un soleil !**

Le but de cette respiration est d'inonder le plexus solaire de bonnes énergies et de le vider des mauvaises. En le remplissant d'images positives et lumineuses, **on chasse le négatif, le stress et les tensions, et on détend la zone durablement**.

À noter

Prenez conscience de votre souffle, de votre corps. Soyez attentif, tout en restant détendu. Plus longue sera l'expiration, meilleure sera la détente.

Cet exercice va accompagner la détente mentale et favoriser l'oxygénation du cerveau. Peu à peu, vous retrouverez la maîtrise de votre souffle et de votre équilibre.

Le soleil intérieur

- Vous pouvez vous allonger ou rester assis ou debout, selon la situation et ce qui vous convient le mieux.
- Posez votre main sur la zone du plexus solaire. Ressentez ce qui s'y passe.
- Imaginez qu'une fleur de tournesol est posée sur votre plexus solaire. À chaque inspiration, cette fleur va s'ouvrir pour laisser passer les bonnes énergies.
- Videz l'air de vos poumons.
- Inspirez calmement et profondément par le nez. Gonflez le ventre. Votre fleur s'ouvre et rayonne de lumière.
- Expirez le plus lentement possible. Rentrez légèrement votre ventre sur la fin de l'expiration pour évacuer toutes les tensions.
- À nouveau, inspirez profondément. Vous vous emplissez de calme et de paix. Retenez ces bonnes énergies avec votre souffle quelques instants, votre soleil intérieur se nourrit de lumière et rayonne à son tour.
- Expirez lentement.
- Cette respiration détend les muscles au niveau du ventre et du plexus solaire. Elle apaise les tensions pour laisser place à la détente. Ainsi, l'énergie circule mieux et se diffuse dans toute la zone.

Pour aller plus loin

Vous venez de découvrir les bases d'une bonne respiration.

Respirer nous est vital, encore plus que manger ou boire : nous ne pouvons en effet nous passer d'oxygène pendant plus de quelques dizaines de secondes ! Chaque jour, dès que vous avez un petit moment (en voiture, dans les transports en commun ou même dans l'ascenseur), **accordez-vous de petites pauses et rechargez-vous en vitalité**.

De la même façon que les tensions s'installent petit à petit, **vous réussirez à vous en libérer jour après jour**. Surtout, vous en aurez conscience ! Et avoir conscience d'un problème est la première étape du changement. Alors écoutez votre corps, ressentez-le, aidez-le. Aimez-le. **Donnez-lui ce dont il a besoin !**

Au fur et à mesure de votre pratique, vous allez ressentir les bienfaits de la respiration. Petit à petit, **vous serez en mesure de les adapter à votre vie quotidienne et à vos besoins**.

Je vous propose des pratiques qui viendront compléter votre entraînement et vous permettront de vous détendre en toutes circonstances.

La respiration complète

- Cette pratique de respiration va agir sur tout le système nerveux en libérant les énergies au niveau du plexus solaire et du cœur.
- Gonflez l'abdomen en inspirant par le nez.

- Écartez les côtes et élargissez les épaules afin de laisser monter l'air jusqu'en haut des poumons, dans la cage thoracique.
- Lors de l'expiration, laissez votre corps évacuer l'air de façon naturelle : soufflez par la bouche, lentement, en commençant par abaisser votre cage thoracique, puis penchez-vous un peu en avant.
- Relâchez le ventre en dernier en contractant légèrement les muscles abdominaux afin de chasser ce qui reste d'air vicié.
- Répétez cet exercice plusieurs fois afin de vous l'approprier et d'en ressentir les effets.

La respiration n'est pas seulement réservée à la détente. Parfois, nous avons besoin de nous redynamiser, par exemple avant un exercice physique ou mental. **Il est donc important de savoir mobiliser ses ressources dans ces moments-là.**

L'exercice suivant est tout à fait adapté en cas de baisse de tonus, car il va vous permettre de revitaliser tout votre organisme.

La respiration dynamique

- Cet exercice va vous apporter beaucoup d'oxygène, ce qui favorisera la mise en action de votre organisme lorsque vous en aurez besoin.
- Restez en position debout, bien détendu.
- Gonflez le ventre rapidement en inspirant par le nez.

- Gardez la bouche fermée et expirez par le nez tout en rentrant votre ventre, comme si vous cherchiez à éteindre une bougie avec vos narines !
- Répétez cette procédure cinq ou six fois maximum, mais pas plus : le surplus d'oxygène apporté risquerait de provoquer des vertiges.
- Reprenez un rythme de respiration normal pendant deux à trois respirations, puis reprenez un rythme rapide pendant cinq respirations.
- Terminez l'exercice avec une nouvelle série de respirations normales.

Parfois, il est nécessaire de savoir évacuer notre stress rapidement et efficacement. L'exercice suivant est idéal pour cela ; **vous pouvez l'utiliser à n'importe quel moment de la journée, lorsque le besoin s'en fait sentir**.

Je vous conseille cependant de le pratiquer chaque soir, après le travail, avant de rentrer chez vous. **Cela vous permettra d'aborder votre soirée de manière calme et détendue en laissant vos soucis loin de chez vous.** Ainsi, le soir venu, lorsque vous irez vous coucher, vous vous serez déchargé du poids de votre journée.

Antistress express

- Prenez une profonde inspiration par le nez tout en imaginant que vous vous remplissez de calme et de sérénité.

- Sentez ce flux d'air apaisant, cette énergie positive qui entre par vos narines et descend dans vos poumons.
- Retenez cette énergie bienfaisante quelques instants dans vos poumons et faites une douce tension de tout votre corps, comme si vous cherchiez à propager ce flux apaisant à toutes les cellules de votre organisme.
- Expirez par la bouche, relâchez les tensions et évacuez tout ce qui vous pèse.
- Recommencez cet exercice jusqu'à ce que vous vous sentiez plus léger, plus libre et détendu.
- Inspirez le positif, expirez le négatif !

La relaxation neuromusculaire

Plage n° 2 du CD

Cette étape constitue le cœur de notre méthode. La détente musculaire et mentale va véritablement vous permettre de **mettre votre organisme au repos afin qu'il se régénère**. À terme, vous découvrirez l'état « alpha » : un état de conscience entre la veille et le sommeil.

Devenez plus conscient

Le but de la relaxation neuromusculaire est de prendre conscience des flux qui parcourent votre corps, mais également des zones où ces derniers pourraient se retrouver bloqués. Bientôt, **vous deviendrez pleinement conscient de ce qui se passe en vous** et serez en mesure de réagir avant que les déséquilibres ne s'installent.

Lorsque nous sommes soumis à des pressions (internes ou externes), notre corps les incorpore, s'y habitue et en fait un état constant. Notre mode de vie favorise ce genre de réactions car nous sommes soumis en permanence à de micro-agressions, qu'elles soient d'ordre environnementales ou sociales. **Cette tension permanente nous affaiblit**, nous vide de notre énergie et nous met en position de faiblesse face au stress.

Cela peut se manifester par des douleurs vertébrales, des problèmes digestifs internes, des maux de tête, une certaine irritabilité, et ces troubles, provoqués par le stress, font obstacles à un sommeil réparateur.

Grâce aux exercices qui vont suivre, vous allez réussir à dénouer les zones de blocage afin de laisser à nouveau circuler les énergies de manière naturelle. Ainsi, votre activité mentale va se calmer et vos muscles vont laisser s'échapper les tensions. **C'est la première étape vers l'état alpha et un sommeil apaisé.**

À noter

Au cours de la journée, prenez le temps de faire de petites pauses afin de prendre conscience de votre corps : observez les tensions, les réactions et les zones de blocage. Cela vous permettra de mieux travailler dessus par la suite.

Dénouez les tensions

- Installez-vous confortablement dans un lieu qui vous est agréable et assurez-vous de ne pas être dérangé.
- Fermez les yeux et prenez le temps de pénétrer dans votre monde intérieur. Il n'appartient qu'à vous. Laissez-vous aller, ne cherchez pas à maîtriser vos pensées, laissez-les passer.
- Tout en gardant les yeux fermés, faites deux respirations profondes pour vous détendre.
- Première respiration...
- Deuxième respiration...
- Un courant de détente va envahir votre corps. Il part de votre cerveau et se diffuse d'abord dans votre tête.
- Laissez-le se diffuser. Commencez par relâcher les muscles de votre front : il devient lisse, les rides s'effacent et vous sentez cette douce vague apaisante se propager lentement.

- Ce flux de détente se diffuse dans vos tempes, sur vos sourcils, vos yeux et votre visage tout entier.
- Relâchez les muscles de votre visage, autour de vos yeux. Sentez comme vos paupières sont lourdes.
- Toute la partie supérieure de votre visage est maintenant apaisée. Vos joues se détendent également, à l'intérieur comme à l'extérieur. Vous sentez la sérénité vous envahir.
- Vos dents se desserrent, votre mâchoire se décrispe. Votre bouche est entrouverte et se libère de toute tension. Prenez un instant pour savourer cette détente qui a envahi toute votre tête.
- Le flux de détente est bien installé, il descend lentement dans votre cou et se propage dans vos épaules, qui se détendent naturellement. Elles sont lourdes. Laissez-les se relâcher et libérer votre respiration.
- Détendez vos bras, vos avant-bras et vos mains, jusqu'au bout des doigts.
- Votre respiration est calme, régulière et naturelle. Détendez votre thorax afin de laisser l'air entrer dans vos poumons et leur apporter l'énergie positive qui se diffuse dans vos cellules.
- Sentez le fluide de détente s'unir à votre respiration. Le fluide devient votre respiration.
- Votre dos se détend complètement à présent, vertèbre par vertèbre, de la nuque jusqu'au sacrum, et vous le sentez s'enfoncer en toute sérénité sur son support.

- Toutes les tensions de votre dos et de votre nuque disparaissent. Les contractions s'évaporent.
- Votre ventre se remplit de cette douce énergie et se détend également. Tous vos organes retrouvent leur rythme naturel.
- Détendez votre bassin, laissez-le se décharger des tensions qui l'encombrent.
- Prenez un instant pour prendre conscience de votre respiration abdominale. Votre ventre est complètement relâché, détendu et apaisé. Votre respiration est régulière.
- La détente se prolonge dans vos jambes, vos genoux, vos mollets, vos chevilles et vos pieds, jusqu'au bout des orteils.
- À présent, votre corps tout entier est empli de ce calme et de cette sérénité relaxante. Cette détente devient un flux qui circule en vous de manière harmonieuse et naturelle.
- Prenez conscience de votre corps lorsqu'il est complètement détendu. Savourez cet instant de calme dans votre monde intérieur.
- Vous pouvez rester dans cet état aussi longtemps que vous le souhaitez.

À la suite de cet exercice, je vous propose de déterminer un geste-réflexe qui vous permettra de retrouver instantanément et à tout moment les sensations de bien-être que vous venez de découvrir.

Le geste-réflexe de détente

- Après avoir réalisé l'exercice précédent, restez dans cet état de détente complète puis répétez-vous mentalement une phrase qui vous apaise, par exemple : « Je me sens bien », « Je suis complètement détendu », « Je ne suis plus du tout stressé »...
- Cette phrase va vous permettre d'ancrer votre geste-réflexe.
- Choisissez maintenant un geste simple et rapide à exécuter (serrer votre poing, joindre deux doigts...). Associez mentalement ce geste à l'état dans lequel vous vous trouvez actuellement.
- Ce geste-réflexe va servir de « rappel » à votre cerveau : à tout moment de la journée, il vous suffira de le refaire pour retrouver instantanément les sensations de bien-être que vous avez éprouvées durant votre séance.

Pratiques de détente du corps et de l'esprit

En complément de ce que nous venons de voir, je vous livre ici plusieurs exercices complémentaires qui vous permettront d'approfondir votre pratique. Gardez à l'esprit ce que vous avez appris dans la partie précédente sur la respiration (voir p. 65), car **c'est la base de toute détente efficace**.

Petit à petit, en cumulant les effets et en affinant votre perception de ce qui se passe en vous, vous serez capable d'appliquer ces exercices seul, en fonction de vos besoins et de votre rythme de vie. **Vous sentirez alors la différence sur votre état général et sur la qualité de votre sommeil.**

Détente express

- Cette technique va vous permettre de réguler rapidement votre rythme cardiaque et ainsi baisser les tensions, les émotions et le stress.
- Fermez les yeux, puis gonflez votre ventre en inspirant par le nez.
- L'expiration doit être la plus lente possible : plus elle est longue, meilleure sera la détente.
- Portez votre attention sur votre menton : c'est par là que vous allez détendre tout votre visage.
- Prenez conscience de vos épaules et relâchez-les. Détendez la nuque, les bras, le tronc et le dos.
- Concentrez-vous sur votre ventre : cela favorisera le relâchement du bassin, du ventre et des membres inférieurs.
- Inspirez lentement puis, sur une seule expiration « allongée », comme en soufflant à travers une paille, détendez et relâchez le menton, les épaules et l'abdomen.
- Prenez conscience de la détente qui gagne chacune de ces parties.

L'exercice suivant est très simple, mais non moins efficace ! Il consiste à contracter puis à relâcher vos muscles, ce qui provoquera un apaisement corporel général.

Contraction/Décontraction

- Commencez par la partie supérieure du corps.
- Prenez une profonde inspiration tout en contractant tous les muscles de votre visage pendant 5 secondes : serrez les dents, fermez les yeux, mobilisez tous les muscles de votre visage !
- Expirez longuement en relâchant le plus possible votre visage. Accompagnez votre expiration d'un « ouf » de soulagement.
- Sur une deuxième inspiration, contractez les muscles de votre cou, de vos épaules, de vos membres supérieurs et serrez les poings pendant 5 secondes.
- Relâchez ! Expirez longuement et détendez vos muscles.
- Pour la dernière inspiration, contractez tous les muscles de votre corps, de la tête aux pieds : visage, cou, épaules, bras, poings, ventre, cuisses, pieds, orteils... Expirez... Relâchez !
- Visualisez un rayon de soleil qui vous envahit, vous réchauffe et vous apaise. Il vous apporte la sérénité et la confiance !

Ce dernier exercice va faciliter l'équilibre mental, physique et émotionnel. Je vous suggère de le pratiquer le soir, afin de vous libérer des tensions de la journée.

L'enracinement

- Commencez par faire une respiration complète (voir p. 74).
- Restez en position debout, pieds nus, fermez les yeux et détendez-vous.
- Sentez le contact de vos pieds avec le sol.
- Imaginez que vous êtes un arbre. Vos racines s'enfoncent profondément dans le sol.
- Inspirez profondément. Vous captez l'énergie bienfaitrice du Soleil, qui vous réchauffe. La sève régénératrice monte depuis vos racines jusqu'au bout de vos feuilles.
- Expirez, la sève se diffuse dans tout votre corps.
- Le vent souffle et vous pousse légèrement vers la gauche, puis vers la droite. Vous retrouvez ensuite votre position verticale.
- Vous vous sentez en sécurité, entre le ciel et la Terre. Vos racines vous maintiennent fermement et votre ancrage se fait plus solide.
- Vous êtes en sécurité, apaisé, entre le ciel et la Terre.
- Étirez vos bras vers le ciel, comme pour déployer vos branches et vos feuilles vers la lumière du Soleil.
- Vous êtes apaisé, calme et robuste, tel un chêne centenaire.
- Cet exercice est très bénéfique pour votre dos. Il provoque également un réflexe naturel de détente et de bâillement.

La méditation sensorielle

Cette troisième étape va vous donner les clés pour vous permettre de vous reconnaître, de vous accepter et d'être en accord avec vous-même.

Quel rapport avec le sommeil, me direz-vous ? Eh bien, comme nous l'avons vu, **l'ennemi principal du sommeil est le stress** (voir p. 45). Or, le stress trouve principalement sa source dans notre incapacité à nous adapter au monde. Alors, **l'image que l'on a de soi devient déterminante :** si elle est mauvaise, nous nous sentons accablés, incapables, voire médiocres ; si elle est bonne, nous nous sentons confiants, à l'aise et sereins. Et le stress s'évanouit.

Le pouvoir de l'imagination

Lorsque nous sommes en état de détente, **nous sommes en mesure de créer des rêves éveillés et de les contrôler**. C'est la porte ouverte au merveilleux qui nous habite tous ! C'est ainsi que nous développons nos sens, notre intuition et notre créativité.

De la même manière que l'évocation d'une scène désagréable ou inquiétante produit du stress, **les idées positives et stimulantes apportent le calme et l'équilibre**. Ainsi, le contrôle de nos pensées va nous permettre de les orienter dans la direction que nous souhaitons leur donner. Après tout, puisque vous êtes en mesure d'imaginer un rendez-vous anxiogène chez le dentiste, **pourquoi ne seriez-vous pas capable de développer votre imagination à des fins positives ?**

Toutes les pratiques que vous avez découvertes jusqu'ici vont vous ouvrir les portes de l'état alpha, ce qui va vous permettre de prendre de la distance avec les influences extérieures et de vous connecter directement à votre inconscient. À partir de là, **vous serez en mesure d'imaginer sans être entravé par le doute, la peur ou les jugements.**

Dans ce havre de paix intérieur que vous allez peu à peu (re) découvrir, vous allez pouvoir vous ressourcer, apprivoiser vos perceptions et vos émotions ; **retrouver le sens de vos sens.** Petit à petit, avec un peu de pratique, vous allez apprendre à vous abandonner, à « lâcher prise » et à vous fondre avec l'univers. Dans ce Monde intérieur qui est le vôtre, **vous allez rencontrer un nouveau sens, le sixième : votre intuition !**

Le Monde intérieur : qu'est-ce que c'est ?

C'est un lieu imaginaire dans lequel vous allez pouvoir vous rendre juste par la pensée, grâce à votre imagination **! Il n'appartient qu'à vous, vous pouvez donc en faire ce que vous voulez.** C'est à vous d'y mettre tout ce qui vous plaît : des forêts, des rivières, des montagnes, des animaux, trois soleils... La seule limite est votre imagination !

Le témoignage de Mylène

« Mon havre de paix est une colline qui se trouve face à une forêt (où les feuilles des arbres brillent la nuit), près d'une chute d'eau, avec des montagnes au loin et plusieurs planètes visibles dans le ciel. Pour méditer, je m'installe sur cette colline, sous un arbre de cerisier. J'ai donc pris l'habitude de visiter mon Monde intérieur chaque fois que j'avais un problème et, dans toutes les situations où je cherche une réponse, la solution se trouve ici. »

Dans cet espace de paix auquel personne d'autre que vous ne peut accéder, **vous serez à l'abri de tout jugement, de toute pression ou influence négative**. C'est à partir de là que vous allez vous ressourcer et vous renforcer. C'est un peu comme votre port d'attache, où vous pourrez venir accoster en toute quiétude, sans craindre les tempêtes ni les dangers du grand large !

Gandhi disait : « Le monde extérieur est le reflet de ton monde intérieur ». Et si nous nous servions de ce monde pour changer le monde extérieur ?

Le Monde intérieur

- Faites une respiration complète (voir p. 74), ainsi que l'exercice de détente de votre choix (voir p. 82).
- Vous allez créer votre Monde intérieur : un monde qui vous inspire la sérénité et la paix. Ce

jardin se trouve au fond de vous-même, au cœur de votre cœur et de votre esprit. Il reflète votre sensibilité et votre imagination.

- Prenez le temps de découvrir ce lieu. Que contient-il ? Des arbres ? Des fleurs ? Promenez-vous dans cet écrin de nature, découvrez ses trésors de bien-être et de beauté.
- Vous êtes entouré d'une nature foisonnante. L'atmosphère est douce, printanière. L'air que vous respirez vous vivifie.
- Attardez-vous un instant sur les arbres qui sont là, ressentez leur force et leur enracinement... Ils vous apportent la confiance.
- Vous entendez le murmure apaisant d'une rivière et le chant des oiseaux, comme une douce musique.
- Le soleil vous réchauffe doucement, il apaise votre organisme et dénoue ses tensions.
- Ici, il n'y a aucune peur, aucune menace. Personne ne peut venir vous déranger. C'est un endroit calme, pur et lumineux, idéal pour la méditation, le repos du corps et de l'esprit.
- Tout est harmonie : les animaux, les végétaux et les êtres humains trouvent naturellement leur place et vivent en symbiose parfaite.
- Votre jardin est votre création, votre lieu de récréation. Vous pouvez y faire tout ce que vous voulez, sans peur d'être jugé ou critiqué. Semez les graines du bonheur, faites éclore vos souhaits les plus chers.
- Laissez aller votre créativité : elle n'a aucune frontière ici. Vous êtes libre de rêver, de créer et de devenir la personne que vous voulez être.

- Votre imagination et votre créativité sont décuplées, vous seul déterminez les règles.
- Vous vous sentez bien, ici. Une sensation de plénitude vous envahit. Imprégnez-vous de ces sensations : inspirez, retenez votre souffle quelques instants, puis expirez longuement.
- Imprimez ces images et ces sensations dans votre esprit et dans votre corps. Inspirez tout le positif de ce lieu, gardez-le en vous, puis expirez longuement pour évacuer ce qui vous pèse.
- Lorsque vous le souhaiterez, quittez simplement les lieux, sans regrets, car c'est désormais chez vous et vous pourrez y revenir dès que vous le voudrez.
- Au quotidien, il vous suffira d'évoquer mentalement votre Monde intérieur pour retrouver les sensations que vous éprouvez actuellement.

Si vous souffrez d'insomnie, votre Monde intérieur constituera un refuge idéal pour vous libérer de tout ce qui vous empêche de trouver le sommeil.

Le témoignage de Carole

« Notre Monde intérieur... Un vaste sujet que j'aimerais vous faire partager. Car c'est à l'intérieur de nous que se trouvent toutes les solutions à nos problèmes, ou bien d'autres fonctions telles que la guérison, l'apprentissage, la connaissance et la rencontre avec des esprits supérieurs.

Découvrir mon Monde intérieur a totalement changé ma vie et j'aimerais que tout le monde puisse connaître cette technique qui permet non seulement de se ressourcer à l'intérieur de soi, mais aussi de comprendre son inconscient et de communiquer avec ses guides ! »

La visualisation créatrice

La visualisation permet d'anticiper votre futur positivement, de manière à vous détacher des peurs et des appréhensions qui pourraient surgir. De cette façon, **vous transformerez ce qui vous pèse en confiance et en enthousiasme** !

L'état alpha, entre veille et sommeil

L'état alpha est un état de conscience particulier, à la limite entre l'éveil et le sommeil. C'est cet état que l'on recherche en sophrologie, car **il permet de créer les conditions idéales pour la visualisation créatrice**. Les pratiques de respiration et de détente que nous vous avons exposées jusqu'ici ont pour but de vous y amener.

Lorsqu'on est en alpha, on contribue à développer son hémisphère droit, siège de la créativité, des émotions et de l'inconscient. En effet, **nous sommes trop souvent contraints par notre cerveau gauche** qui, lui, est plutôt rationnel , analyse, décortique. C'est à lui que nous faisons appel la majorité du temps pour traiter les informations qui nous parviennent.

Le problème, c'est que dans notre société cartésienne et productive, le cerveau gauche est prééminent, d'où cette difficulté que beaucoup d'entre vous éprouvent à trouver des ressources pour gérer des situations de stress ou de changement.

En état alpha, vous allez donner plus de place à l'hémisphère droit. Vous allez lui permettre de libérer votre créativité et votre imagination **afin de vous apporter de nouvelles réponses, de nouvelles perspectives**. Vous allez retrouver le chemin de vos sens et de votre intuition ! Vous repousserez ainsi les limites de votre champ de conscience et **ferez tomber des obstacles qui jusqu'ici vous paraissaient insolubles**.

Un état ancré dans le présent

En état alpha, vous n'avez plus besoin de traiter des multitudes d'informations, vous n'êtes plus limité par un intellect analytique et restrictif, vous pouvez laisser place à l'imagination, à la créativité, à l'optimisme, à vos rêve... Une fois déconnecté de ces émotions et de vos peurs, vous pouvez baisser la garde et vous abandonner à ce rêve éveillé.

Ainsi, vous allez briser le cercle vicieux du stress en créant une « bulle » de décompression. **Dans cette bulle, vous deviendrez libre.**

Créez votre conditionnement positif

Adopter un état d'esprit positif est un cercle vertueux : **plus on pense positif, plus on est positif !**

Chaque matin, répétez-vous ces affirmations afin de commencer votre journée de façon lumineuse et d'ancrer en vous ce nouveau système de pensée :

- Je veille à cultiver des pensées positives.
- Chaque jour qui passe, je me sens de mieux en mieux.
- Je cultive en moi l'énergie positive.
- J'ai de plus en plus confiance en moi.
- Je fais preuve de bienveillance envers moi-même et envers les autres.
- Je savoure les beaux instants qui me sont offerts.
- J'adopte une parole positive.
- Je reconnais mes qualités (énumérez-les).

La liste n'est pas exhaustive et **il vous appartient de forger vos propres conditionnements positifs**. À tout moment de la journée lors d'une pause ou d'une baisse de moral, faites appel à ces formulations positives pour mettre de d'optimisme dans votre vie.

En complément, voici une pratique qui vous aidera à vous débarrasser de vos ruminations. Le but est de neutraliser les pensées stressantes : **dès qu'elles apparaissent, prenez-les au piège !**

Chassez les ruminations

- À chaque fois qu'une pensée négative émerge, saisissez-vous d'elle et dites « STOP », en associant cette injonction à un geste de votre choix.
- Une fois la pensée en question neutralisée, remplacez-la par son pendant positif. Voici quelques exemples :
  - « Je ne vais pas réussir cet examen… » → « STOP » → « Je vais être brillant. »
  - « Cette journée ne va pas être bonne… » → « STOP » → « Je suis plein d'enthousiasme et cette journée va être très belle. »
  - « Je suis tendu ce soir et je n'arriverai pas à dormir… » → « STOP » → « Je vais me détendre et passer une bonne nuit. »
  - « Je n'ai pas envie d'être à demain… » → « STOP » → « Demain sera une belle journée. »
- Maintenant, à vous de jouer !

Il est important de maintenir des énergies positives dans votre vie afin de contrer les effets de toute contrariété passée ou à venir. Ce n'est pas un travail ou une thérapie contraignante ; c'est un style de vie, une attitude !

En cela, **le sourire est l'une de vos meilleures armes.**

Souriez à la vie !

- Vous pouvez sourire avec votre bouche, mais aussi avec tout votre corps !
- Mettez-vous en posture assise ou allongée et prenez conscience de vos points d'appui.
- Fermez les yeux et respirez calmement. À chaque expiration, relâchez votre corps. Détendez-vous.
- Inspirez profondément, retenez l'air un instant puis, sur l'expiration, évacuez toutes vos tensions.
- Remémorez-vous un souvenir ou une situation qui vous a fait sourire ou vous a rempli de joie. Laissez ce sentiment vous envahir de nouveau.
- En conscience, accompagnez avec votre regard intérieur tous les muscles de votre visage qui se mettent successivement en mouvement.
- Sentez le sourire qui se dessine sur votre visage.
- À présent, faites descendre ce sourire plein de lumière dans votre gorge, puis sur vos épaules. Même votre torse est empli de ce beau sourire.
- Faites-le descendre dans votre ventre, puis dans vos pieds. Vos pieds sourient, et même vos orteils !
- Tout votre corps rayonne à présent de ce sourire radieux. Vous êtes empli du bien-être qu'il diffuse en vous.
- Prenez conscience des sensations qui vous habitent à présent.
- Faites-le rayonner à l'extérieur, vers vos amis et votre famille.

Programmez une nuit douce et reposante

Les sportifs de haut niveau, les hommes politiques et les artistes utilisent la visualisation pour améliorer leurs performances, vaincre le trac ou anticiper leurs victoires. Vous aussi, vous pourrez anticiper l'accomplissement de vos projets ou de vos envies car, en état de relaxation, il n'existe pas de notion de temporalité : **le présent, le passé et le futur ne font qu'un !**

Lors de vos visualisations, vous allez devenir acteur, réalisateur et spectateur de votre propre film mental ; vous allez mettre en scène votre œuvre personnelle. **C'est à vous de projeter vos désirs sur l'écran de votre vie, il n'y a pas de limite !** Vous pouvez appliquer la visualisation à tous les domaines de votre vie.

Imaginer votre réussite va vous permettre d'ancrer un point de vue positif, qui deviendra peu à peu votre seconde nature, comme un réflexe naturel. Cette nouvelle façon d'aborder la vie pour vous apporter la confiance nécessaire à votre réussite.

À noter

N'oubliez pas que plus vous pratiquerez, plus vous obtiendrez de résultats !

L'histoire de Juliette

« Lorsque Juliette a accouché, la visualisation l'a aidée à se calmer et à se déconnecter de ses douleurs. Mais après sa grossesse, elle a eu des problèmes de sommeil dus à la fatigue avec son bébé.

Nuits courtes, réveils nocturnes pour allaiter… Nous avons fait plusieurs séances de visualisation de paysages apaisants pour lui apprendre à se détendre au quotidien. Ainsi, pendant que son bébé dormait, elle en profitait pour se détendre et pratiquer nos exercices de relaxation afin de récupérer. La qualité de son sommeil s'est améliorée très rapidement. »

Lors de chaque visualisation, nous vous invitons à regarder au-delà des limites de votre réalité présente. C'est en cela que l'imagination sera votre moteur. **Les doutes, les peurs et les schémas restrictifs n'ont plus lieu d'être, car il n'y a pas de limite à vos aspirations profondes.** Vous avez le droit de devenir la belle personne que vous souhaitez être. Vous avez le droit d'envisager le meilleur pour vous-même.

En apesanteur

- Prenez le temps d'apaiser votre corps et votre esprit avec les pratiques de respiration (voir p. 65) et de détente (voir p. 77) de votre choix.

- Imaginez que vous êtes au milieu d'une mer calme. Le soleil brille et vous flottez paisiblement à la surface de l'eau.
- Vous êtes bercé par les remous des vagues. Elles produisent une douce ondulation, comme un bercement.
- Porté par ce va-et-vient apaisant, votre corps est léger, détendu, comme en apesanteur.
- Vos tensions musculaires disparaissent, vous êtes complètement détendu.
- Le ciel est bleu, les nuages passent doucement au-dessus de vous, vous sentez une légère brise qui caresse votre visage. Savourez cet instant.
- Dans cet océan de calme et de sérénité, vous êtes en paix.
- Vous glissez doucement à la surface de l'eau, sans effort, de manière naturelle.
- Les sons qui vous parviennent sont comme filtrés : le chant des oiseaux, le clapotis des vagues, le souffle du vent...
- Vous éprouvez une douce sensation de bien-être et d'harmonie.

Peu à peu, au fur et à mesure de votre pratique, vous réaliserez tout l'impact de vos pensées positives. En reprenant le contrôle de vos émotions, **vous allez retrouver une harmonie du corps et de l'esprit qui améliorera la qualité de votre sommeil.** Pour cela, il est nécessaire d'ouvrir sa conscience afin de laisser s'échapper le négatif et de laisser rentrer le positif.

Alors, vous serez plus léger, plus lumineux, prêt à envisager la vie de manière positive. **Et le stress n'aura plus lieu d'être.** Ces pensées qui vous ralentissent et vous empêchent d'être vous-même disparaîtront pour laisser place à votre vraie nature.

Ainsi débarrassé de vos tracas et de vos peurs vis-à-vis de l'avenir, **vous retrouverez la paix que vous méritez, vous réharmoniserez le rythme naturel de votre organisme**, vous lui permettrez de se reposer, de se ressourcer, et vous retrouverez le sommeil.

La réussite

- Faites une respiration complète (voir p. 74), puis ressourcez-vous quelques instants dans votre Monde intérieur (voir p. 87).
- Laissez venir à vous l'image d'un projet qui vous tient à cœur ou d'un objectif que vous souhaitez réaliser. Rappelez-vous : il n'y a pas de limite ! Cela peut être un projet professionnel, familial ou personnel, ou bien tout simplement le souhait de retrouver des nuits douces et reposantes. Il faut simplement que cet objectif soit plausible et réalisable.
- Maintenant, imaginez que ce projet se concrétise et que vous arrivez à votre but. Représentez-vous cette réussite comme si vous y étiez, ici et maintenant.
- Vous pouvez être fier, vous avez réussi. Observez-vous dans votre réussite, savourez votre succès !

- Laissez vos sentiments positifs vous envahir et imprimez-les jusqu'au cœur de chacune de vos cellules.
- Inspirez votre réussite et votre fierté, remplissez vos poumons de ce bonheur et de cette satisfaction.
- Retenez cette bouffée d'optimisme quelques instants, tendez légèrement votre corps, imprégnez votre mental et votre corps de cette belle réussite.
- L'accomplissement de votre réussite est désormais enregistré dans chacune de vos cellules. Il est programmé.

Les pensées quotidiennes ont une influence directe sur notre organisme : respiration, rythme cardiaque, circulation sanguine… Il est donc important de reprendre le contrôle. **Les pensées contrariantes nous empêchent de dormir, elles polluent notre esprit et sabotent notre sommeil.** La visualisation va vous apprendre à vous abandonner, à réellement lâcher prise sur ces ruminations.

L'histoire de Patrick

« Patrick est un cadre supérieur. Il souffre d'insomnies depuis de nombreuses années, consomme des somnifères et se réveille pourtant encore fréquemment au milieu de la nuit. Au cours de ses insomnies, Patrick ressasse ses soucis et ses rengaines favorites.

Après avoir suivi toutes les étapes de la méthode, il a pu remonter à la source de son inquiétude : sa peur chronique de ne pas atteindre ses objectifs professionnels.

Patrick se sent en effet en compétition avec les nouveaux commerciaux de son entreprise, il appréhende d'être dépassé. En fait, Patrick n'a pas confiance en lui, il a besoin d'être rassuré sur ses capacités ! Nous en avons tous besoin.

Il a visualisé sa réussite personnelle : il s'est vu, en homme confiant et épanoui, créer des relations harmonieuses dans tous les domaines de sa vie.

Il a progressivement rassuré son enfant intérieur et a commencé à créer des liens avec certains de ses collègues. Des liens fondés sur l'entente et non sur le pouvoir ; sur l'esprit de coopération et non sur la compétition.

Le CD a considérablement aidé Patrick, et vous permettra à vous aussi d'entrer dans le sommeil tout en douceur. »

Dans cet univers de sérénité que vous allez vous-même créer, vous redeviendrez maître de vos pensées, de vos émotions et de votre vie.

Dans la lumière

- Commencez par faire une respiration complète (voir p. 74).
- Visualisez une douce lumière blanche : elle vous entoure et vous protège, tel un bouclier d'énergie bienfaisante.
- Cette lumière pénètre en vous par le sommet de votre crâne et s'écoule lentement le long de votre cou, puis dans vos épaules, vos bras, vos mains, votre torse et votre ventre. Sentez comme chacun de vos muscles se détend sur son passage.
- La lumière continue son chemin jusque dans vos jambes, puis vos pieds. Elle vous enracine solidement et vous procure une sensation de force et de solidité.
- Profitez de cette douce chaleur qui vous habite. Ressourcez-vous quelques instants.
- Vous vous sentez détendu, paisible… Vous pouvez alors laisser la lumière s'échapper, jusqu'à disparaître.

Équilibrez vos centres d'énergie

Plage n° 4 du CD

Les Indiens considèrent que notre corps est composé de plusieurs centres énergétiques, les « chakras », et qu'à chacun d'eux correspond une couleur spécifique. **En travaillant sur ces couleurs, on arrive** à rééquilibrer ces centres énergétiques, et donc notre organisme tout entier.

Les chakras sont au nombre de sept :

- **Le premier chakra :** localisé sur les pieds, le long des jambes et sur le bas du dos, il favorise la confiance en soi. C'est le chakra racine. La couleur associée est le rouge.
- **Le deuxième chakra :** il est situé sur le ventre. Il favorise le confort digestif. C'est le chakra du ventre. Sa couleur est l'orange.
- **Le chakra du sommeil :** il équilibre le système nerveux et se situe dans la zone du plexus solaire. Sa couleur est le jaune.
- **Le chakra de la respiration :** situé au niveau des poumons, il favorise une bonne oxygénation. Sa couleur est le vert.
- **Le cinquième chakra :** il est situé sur la gorge. C'est le chakra de l'expression de soi et de la libération des peurs. Sa couleur est le bleu.
- **Le sixième chakra :** il se situe au milieu du front. C'est le chakra de l'intuition et de l'imagination ; il calme le mental. Sa couleur est le violet.
- **Le septième chakra :** il se situe au sommet du crâne. Il symbolise l'ouverture sur le monde, la pureté, la clarté et la perfection. C'est le chakra de l'illumination, du savoir et de la sagesse supérieure. Sa couleur est le blanc.

L'histoire de Lydie

« Lydie est venue me voir car elle avait depuis plusieurs années des problèmes d'endormissement. Elle prenait des somnifères et le matin, au réveil, se sentait très fatiguée.

Elle a pratiqué l'exercice de la montagne des couleurs qui est dans notre CD en visualisant des couleurs pour chaque chakra. Elle fait ça allongée dans son lit. C'était son petit rituel d'endormissement. La visualisation des couleurs l'apaisait considérablement et elle s'endormait comme une souche, elle qui souffrait de très gros problèmes d'endormissement depuis des décennies.

Du coup, elle a considérablement baissé sa prise de somnifères.

« Un très grand merci, Carole, et aussi à la très belle musique de votre compagnon. Vos livres et CD sont merveilleux, moins onéreux que des kyrielles de rendez-vous chez une sophrologue. Ce sont de véritables outils, je m'endors comme un bébé. Pour ceux qui souffrent d'insomnies chroniques, pratiquez l'exercice de la montagne des couleurs et vous retrouverez le sommeil ! Conseil d'une insomniaque qui a ramé avant de trouver le truc magique ! » ❞

L'exercice suivant va donc vous permettre de visualiser les couleurs de vos chakras et d'agir sur eux afin de les renforcer et de les rééquilibrer.

La montagne des couleurs

- Pénétrez dans votre Monde intérieur. Vous êtes ici chez vous.
- Imaginez une grande montagne de couleurs. Des marches sont taillées dedans, et chacune d'elles correspond à l'une des couleurs de vos chakras.

- Montez sur la première marche : la rouge. C'est la couleur de votre enracinement à la Terre.
- Laissez cette couleur envahir vos pieds et vos jambes. Votre circulation sanguine s'améliore et vos jambes semblent plus légères.
- Montez maintenant sur la deuxième marche, de couleur orange. Cette couleur se diffuse dans votre ventre et apaise votre système digestif. Elle vous apporte la joie et l'optimisme.
- Continuez votre ascension sur la troisième marche : la jaune, couleur du Soleil. Sa vibration envahit votre plexus solaire et rééquilibre votre système nerveux central. C'est aussi la couleur du sommeil ! Le soir, endormez-vous dans le jaune.
- Vous voilà sur la quatrième marche, de couleur verte. C'est la couleur de la nature. Emplissez vos poumons de son énergie bienfaisante. Vos cellules sont mieux oxygénées.
- Montez maintenant sur la cinquième marche. Elle est bleue, comme le ciel et la mer. Cette couleur se répand dans votre gorge, qui se dénoue et se décrispe.
- Passez à la sixième marche, de couleur violette. Elle correspond à la couleur de votre front, de votre troisième œil. Elle calme vos pensées et favorise votre intuition.
- Vous voilà maintenant au sommet de la montagne. Ici, tout est blanc. Un joli blanc pur et lumineux qui se diffuse dans votre tête et vous ouvre sur le monde.

- Du haut de cette montagne, vous voyez tout votre Monde intérieur. Vous le contemplez en toute sérénité, en toute sécurité.
- Vous êtes maître de votre corps, de votre esprit et de vos émotions. Vous êtes en équilibre parfait entre ciel et Terre.

Les ancrages de la nuit

Dans l'univers, tout est affaire de vibrations ! **Les êtres, les éléments et les forces qui y évoluent s'accordent entre eux selon leurs affinités.** Ne dit-on d'ailleurs pas de deux personnes qui s'entendent bien qu'elles sont « sur la même longueur d'onde » ?

Nos pensées agissent donc comme un aimant et attirent à elles ce qui leur correspond. C'est la « loi d'affinité ». Tout ce que vous voyez, tout ce que vous vivez, tout ce que vous pensez a une influence sur votre vie, même si vous n'en êtes pas conscient.

De la même façon que les conditionnements modifient votre système de pensée de manière durable (voir p. 93), **les ancrages vont vous permettre d'imprimer au plus profond de votre être des affirmations propices au sommeil.**

En complément de toutes les pratiques de respiration (voir p. 65), de détente (voir p. 77) et de visualisation (voir

p. 91), nous vous proposons ici une série d'affirmations qui vont venir renforcer et ancrer vos nouvelles habitudes, de manière à ce qu'elles deviennent une seconde nature :

- Jour après jour, nuit après nuit, mon sommeil s'améliore.
- Je prends soin de mon sommeil et mon sommeil prend soin de moi.
- Je m'endors de plus en plus facilement.
- Je dors en toute sécurité.
- Mon sommeil est sain, naturel et reconstituant.
- Je recharge mes batteries.
- Je dors profondément d'un sommeil réparateur et, demain matin, je me réveillerai en forme et profiterai pleinement d'une nouvelle journée.

Répétez ces affirmations afin de les ancrer profondément en vous. Petit à petit, **votre esprit va les faire siennes :** il va les intégrer, les comprendre et les mettre en pratique. C'est ainsi que, naturellement, **vous allez attirer à vous ce dont vous avez réellement besoin**.

Passez de la rive de l'Éveil à celle du Sommeil

Plage n° 3 du CD

En journée, il est bon de pratiquer des activités relaxantes comme la méditation ou la sophrologie, qui feront le lit de votre sommeil, si l'on ose s'exprimer ainsi ! Le stress, quant à lui, fait grimper le taux de cortisol, qui contreviendra au processus d'endormissement.

C'est dans le cerveau que tout se passe !

Du cerveau gauche au cerveau droit

Comme nous l'avons évoqué plus haut, c'est le cerveau gauche qui prédomine dans nos sociétés occidentales : il est logique, cartésien, séquentiel (il ne traite qu'une seule donnée à la fois) et spécifique.

L'inconvénient majeur, c'est qu'un cerveau gauche dominant **étouffe notre créativité et nous empêche de trouver des solutions aux problèmes globaux.** Notre cerveau gauche cherche à garder le contrôle de la situation et c'est lui qui nous empêche souvent de dormir...

La paix intérieure réside donc dans notre cerveau droit. Il est le siège de la créativité, de l'imagination, de l'empathie et de la sagesse ; c'est lui qui favorisera l'endormissement.

Notre méthode audio vous permettra de passer du cerveau gauche, de la vigilance et de l'analyse, au cerveau droit, celui de l'imaginaire, en induisant ainsi un lâcher-prise, prérequis de l'endormissement. **Vous passerez ainsi de la rive de l'Éveil à celle du Sommeil ; du cerveau gauche au cerveau droit.**

Mon conseil pour bien dormir

En focalisant vos pensées sur des thèmes positifs, vous vous retrouverez instantanément dans un état de bien-être et de réconfort qui vous conduira en douceur sur le chemin du sommeil. Cet état favorisera la production de mélatonine, l'hormone du sommeil, souvent déficiente chez les insomniaques, habitués à ruminer, à remuer soucis et tracas.

Vous êtes prêt pour un beau voyage

Vous avez désormais les clés pour reprendre le contrôle de vos émotions et de votre corps. Grâce aux pratiques de respiration (voir p. 65), vous allez pouvoir accéder à la détente musculaire et à l'état alpha. La méditation sensorielle (voir p. 86) vous permettra ensuite de créer votre propre espace intérieur, **votre temple du bien-être**. Vous passerez de la rive de l'éveil à la rive du sommeil en apprenant progressivement à lâcher prise, ce que facilitera grandement l'écoute de notre séance audio.

À partir de là, **vous serez libre de visualiser vos aspirations et de les ancrer profondément en vous**. Et vous vous libérerez de ce qui vous encombre tant. Devenu enfin plus léger, plus détendu et serein, il ne vous restera plus qu'à profiter de ce bien-être retrouvé. **Plus rien ne s'opposera à votre sommeil.**

L'histoire d'Alain

« Chaque soir, Alain reste des heures dans son lit, à ruminer. Il repasse en boucle les événements négatifs de la journée et, du coup, il est prisonnier de ses pensées, qui tournent en boucle comme un disque rayé.

En faisant régulièrement notre protocole de respiration, de détente musculaire et de visualisation, il a réussi à lâcher prise et à se laisser bercer par la musique.

En visualisant un lac tranquille avec une barque qui vient le chercher pour l'amener sur la rive du sommeil, il est passé du cerveau gauche (le cerveau de la raison, de la logique, propice aux ruminations) au cerveau droit (le cerveau de l'imagination, de la créativité et du lâcher-prise). »

Cette dernière partie de notre méthode vous invite à mettre en œuvre tout ce que vous venez de découvrir afin de vous l'approprier définitivement. Là encore, **nous ne vous imposons rien car seule votre créativité doit être à l'œuvre** ; nous ne faisons que vous donner des pistes de départ afin que vous puissiez voyager vous-même vers les horizons qui vous inspirent.

De la rive de l'Éveil à celle du Sommeil

- Vous allez vivre votre propre voyage, qui va vous mener vers le sommeil. Vous allez voyager calmement depuis votre hémisphère gauche jusqu'au droit, puis vous endormir paisiblement.

- C'est le soir, vous êtes confortablement installé dans votre lit, rien ne viendra vous déranger. Lancez la piste n° 3 du CD.
- Commencez par vous détendre en pratiquant la respiration de votre choix, de la manière dont vous préférez le faire. Vous êtes maître de votre corps et de vos émotions. Vous savez ce qui est bon pour vous et votre confiance vous guide pour vous apporter ce dont vous avez besoin.
- Prenez le temps qui vous est nécessaire. Détendez votre corps, votre esprit et, lorsque vous serez prêt, stabilisez votre respiration sur un rythme régulier et naturel.
- Entrez dans votre Monde intérieur. Quelle joie de revenir ici ! Tout y est beau, calme et apaisant.
- Vous laissez derrière vous les tracas, les troubles et les peurs : ils n'ont pas leur place ici. Ils ne peuvent pas exister dans ce monde de paix et de sérénité.
- Prenez le temps de faire un petit tour, observez les détails, sentez les odeurs, imprégnez-vous des douces vibrations qui règnent ici.
- Vous êtes détendu. Dans votre Monde intérieur, rien ne vous presse, vous avez tout le temps de flâner, de déambuler et de profiter de ce moment.
- Vous voyez le soleil se coucher, sa lumière devient orangée et il se rapproche de l'horizon. Un vent calme et doux souffle sur votre nuque. Les derniers rayons du soleil vous réchauffent.

- Vous apercevez un rivage. Dirigez-vous dans cette direction.
- Le sable est encore chaud sous vos pieds nus. Prenez le temps de faire quelques pas. Vos pieds s'enfoncent dans le sable, vous sentez chaque grain sous vos pieds.
- Dans votre dos, le soleil continue de descendre et ses rayons rougeoyants se reflètent sur les vaguelettes de cet océan calme auquel vous faites face.
- L'eau est claire, lumineuse. Trempez vos pieds et ressentez toute l'énergie bienfaisante qui s'en dégage. Elle remonte par vos jambes et envahit tout votre corps. Vous vous sentez apaisé par le calme rassurant de cet océan de bien-être.
- Sur la rive, il y a une barque. Montez à bord et installez-vous confortablement. Allongez-vous. Le fond de la barque est comme un lit moelleux qui accueille parfaitement votre corps et épouse ses formes.
- Votre corps s'enfonce doucement sur son support, et votre embarcation flotte tranquillement. Vous êtes bercé par les vaguelettes, de gauche à droite, de droite à gauche, calmement.
- Fermez les yeux et ressentez ce qui se passe autour de vous : le vent, le bruit de l'eau...
- Votre embarcation se dirige lentement vers le large. Elle vous porte vers le sommeil.
- Vous quittez la rive en toute confiance, vos pensées s'estompent et vos paupières deviennent lourdes.

- Une détente profonde vous envahit, tous vos muscles se relâchent. Vous êtes comme un nuage qui se déplace au gré d'un vent d'été.
- Tout est calme. Vous vous enfoncez paisiblement dans votre sérénité intérieure. Rien ne viendra vous déranger.
- Et vous voguez vers la nuit qui se couche et un profond sommeil...

Chapitre 4

ADOPTEZ LES **BONNES HABITUDES**

À présent, vous avez toutes les clés pour aller chercher l'apaisement là où il se trouve : à l'intérieur de vous ! **Vous avez tous les outils pour reprendre le contrôle de vos pensées et modeler votre monde intérieur.**

En complément nous vous livrons quelques conseils qui vous aideront à bien préparer votre nuit de sommeil.

Les rituels du sommeil

Les rituels vont vous permettre de créer les conditions favorables à votre endormissement. Nous vous invitons à les adjoindre à notre méthode. Prenez le temps de les essayer, à tour de rôle, et voyez ceux qui vous conviennent le mieux !

Le signe-réflexe d'endormissement

- Le principe est simple : il s'agit de déterminer un geste qui donnera à votre corps le signal de l'endormissement.
- Observez vos habitudes et choisissez un geste précis que vous répéterez chaque soir avant de

vous endormir, par exemple : éteindre la lumière de votre chambre, fermer votre livre de chevet, ou tout autre geste que vous aurez choisi pour l'occasion.
- Faites une détente complète (voir p. 79).
- Lorsque vous serez calme et bien détendu, vous allez associer votre signe-réflexe à cet état de détente profonde.
- Faites votre signe-réflexe maintenant.
- À chaque fois que vous réaliserez de nouveau ce geste, le soir, avant de dormir, votre corps se remémorera instantanément l'état de détente associé, ce qui vous permettra de glisser plus facilement vers le sommeil !

Laissez libre cours à vos envies et à votre imagination ! Le but est de vous mettre dans de bonnes conditions et, en la matière, **il n'y a pas de limites ou de règles**, sinon celles que vous vous imposez. Alors soyez créatif : vous pouvez parfaitement remplacer le geste-réflexe par des sons (une musique douce, une cloche tibétaine...), des odeurs (un peu d'encens, des huiles essentielles...) ou tout simplement vous passer la main dans les cheveux ! **Tout est bon pour trouver le sommeil, et vous savez ce qui est bon pour vous.**

N'oubliez pas que votre corps mémorise et emmagasine les émotions, alors faites-en un avantage ! À tout moment, imprimez les émotions positives et les belles images dans votre esprit, associez-les aux sons, aux odeurs et aux couleurs afin de vous les remémorer plus facilement le soir venu, par exemple, ou à n'importe quel autre moment de la journée.

Un bilan positif

- Chaque soir, faites le point sur votre journée et considérez tout ce que vous avez accompli de positif, même les actions les plus simples ou anodines.
- Félicitez-vous pour tout ce que vous avez réalisé : chaque action compte ! Vous avez contribué à rendre ce monde plus positif.
- Pratiquer la reconnaissance envers soi-même est important. C'est un remède puissant contre le stress. Plutôt que de ruminer des pensées négatives avant de dormir, cherchez plutôt à cultiver les pensées apaisantes et réconfortantes.
- Rappelez-vous : si vous pouvez imaginer le pire, vous êtes aussi capable d'imaginer le meilleur !
- Si, malgré tout, vous continuez à être assailli de pensées obsédantes, notez-les ! Écrire est une façon d'évacuer le stress et ces réflexions vous seront utiles pour le lendemain. En tout cas, une fois posées sur le papier, elles tourneront moins fort dans votre tête.

L'état d'esprit dans lequel nous nous trouvons a une influence considérable sur la qualité de notre sommeil. Se remémorer les événements désagréables ou douloureux va contribuer à renforcer le stress interne, alors que l'évocation d'images mentales douces et agréables le fera diminuer.

Prenez l'habitude d'effectuer des rituels propices à un bon état d'esprit. Il ne s'agit pas de nier les difficultés quotidiennes

– nous en avons tous – **mais plutôt de vous appuyer sur vos forces et vos réussites, qu'elles soient passées, présentes ou à venir**. Prenez l'habitude de vous remémorer vos succès, vos atouts, imprégnez vous du positif de votre existence.

Au début, vous aurez peut-être un peu de mal à remplacer ce qui vous pèse par des évocations positives mais, petit à petit, notre méthode va vous aider à entrer dans un cercle vertueux, car **le positif appelle le positif !** C'est la loi d'affinité (voir p. 106).

Respecter vos cycles naturels

Le sommeil est constitué de plusieurs cycles qui se succèdent. En général, chaque cycle dure entre 90 et 120 minutes, chacun étant formé de deux phases : le sommeil lent et le sommeil paradoxal. Lorsque vous vous endormez, vous commencez toujours par une phase de sommeil lent.

- **Durant le sommeil lent :** c'est le moment où l'esprit se déconnecte peu à peu du monde extérieur. Vos muscles se détendent et la respiration devient plus calme et régulière.
- **Durant le sommeil paradoxal :** on observe des mouvements oculaires rapides, de petites contractions du visage et la respiration devient plus irrégulière.

Vous pensez être un gros dormeur ?

Chiara Contino est une jeune femme belge de 18 ans ; elle dort parfois jusqu'à 23 heures par jour et ne se réveille que pour manger ou aller aux toilettes... Évidemment, ce n'est pas par choix : elle souffre du syndrome de Kleine-Levin. Cette maladie rare plonge Chiara dans un état léthargique, plusieurs fois par an, pour des périodes plus ou moins longues. Elle ressent alors en permanence le besoin de dormir.

Afin de déterminer vos rythmes de sommeil, nous vous conseillons tout simplement de prendre des notes (voir « Mon carnet de notes spécial sommeil », p. 169) et inscrivez-y les horaires de votre train personnel du sommeil ! Vous pouvez aussi y indiquer vos réveils nocturnes ou l'heure à laquelle vous vous réveillez naturellement le matin, lorsque vous n'avez pas mis de réveil. **Cela vous permettra de déterminer le temps de sommeil dont vous avez besoin, mais aussi l'évolution de vos cycles au fil du temps.**

À noter

Profitez de vos périodes de vacances pour étudier vos rythmes de sommeil : vous n'aurez alors aucune contrainte et pourrez laisser votre organisme se réguler tout seul !

Ne ratez pas le train du sommeil

Les signes annonciateurs ne trompent pas : bâillements, fatigue, paupières lourdes… C'est le signe que le train du sommeil arrive en gare ! **Mais il n'y restera pas éternellement.**

En général, vous disposez d'environ 20 à 30 minutes pour vous mettre au lit et vous endormir dans les meilleures conditions possible. **Passé ce délai, le train repart…** Et il vous faudra attendre entre 1 h 30 à 2 heures avant que le prochain ne repasse. Entre-temps, vous aurez probablement plus de mal à vous endormir.

Mon conseil pour bien dormir

- Tâchez de repérer votre heure d'endormissement et de respecter vos rythmes biologiques : votre sommeil sera de meilleure qualité.
- Si jamais vous ratez votre train du sommeil, ne vous acharnez pas à essayer de vous endormir à tout prix. Bien souvent, vous n'y arriverez pas avant le prochain train… Profitez donc de ce temps libre pour vous accorder un petit moment rien qu'à vous.

Une nouvelle journée commence

La nature a tendance à s'éveiller lorsque le soleil se lève. Pour nous, c'est une autre histoire ! Pourtant, comme nous venons de le voir, nous sommes aussi soumis à nos rythmes biologiques naturels. Ainsi, **vous aurez beaucoup plus de facilité à vous réveiller le matin si votre cycle de sommeil est arrivé à son terme**.

En général, l'heure où le réveil sonne est déterminée de manière « arbitraire », car elle ne respecte pas notre rythme biologique… Quoi de pire en effet que d'être extirpé de ses songes par la sonnerie d'un réveil électronique ? **Il est donc important de réussir à déterminer ce dont nous avons besoin en termes de sommeil… et de s'y tenir !** Votre réveil sera beaucoup plus agréable si vous êtes arrivé au terme de votre cycle et que vos batteries ont été complètement rechargées.

Certaines personnes se montrent irascibles au saut du lit. À peine la journée a-t-elle débuté qu'ils sont déjà stressés. Le réveil qui sonne semble annoncer pour eux une véritable épreuve, qu'ils ont bien souvent du mal à surmonter… De fait, **la sonnerie d'un réveil est une véritable agression**, au même titre qu'un flot de lumière nous inondant soudainement après que nous avons passé huit heures dans la pénombre.

D'une certaine façon, cela nous évoque notre venue au monde : à l'abri du monde, dans la douce chaleur du ventre maternel, nous avons été propulsés dans la lumière du monde, au milieu d'une salle froide, sous les faisceaux d'une lumière blafarde. **C'est un peu la même chose qui se produit après neuf heures de sommeil sous la couette !**

Mon conseil pour bien dormir

Pour vous aider à reprendre contact avec le monde réel au petit matin, vous pouvez utiliser un simulateur d'aube ou un variateur de lumière. Ces dispositifs permettent de régler l'intensité de la lumière et ainsi de simuler le lever du soleil. Cela permettra à votre corps de s'éveiller de manière plus douce.

Si vous avez du mal à émerger le matin, **vous avez tout intérêt à vous réveiller par vous-même, naturellement**.

Un réveil naturel, même pour aller travailler !

Débrancher son réveil le soir et faire confiance à son seul organisme pour nous réveiller le lendemain, à l'heure, et ne pas être en retard au travail, peut sembler bien hasardeux ! Le réveil semble donc obligatoire pour éviter toute déconvenue... **mais il faut qu'il soit adapté à vos besoins**.

Nous vous avons invité à déterminer vos cycles de sommeil (voir p. 120) afin de ne pas vous réveiller au milieu d'un cycle, le matin. **Le but est donc de calculer l'heure la plus adaptée pour vous réveiller et de programmer un réveil quelques minutes avant.** Ainsi, vous vous sentirez moins agressé, car votre corps sera entre deux cycles et non dans un sommeil profond.

En plus de cela, vous pouvez vous aider de la visualisation **afin de programmer votre réveil, à l'heure et surtout de bonne humeur !** Faites appel pour cela à la visualisation « La réussite » (voir p. 99), car elle peut s'adapter à n'importe lequel de vos besoins !

Les jeunes sont-ils de gros dormeurs ?

Plus on vieillit, moins on a besoin de sommeil ! En moyenne, un bébé dort 16 heures par jour ; les adolescents et les enfants, 10 heures ; les adultes, 8 heures ; et les seniors, seulement six !

Se lever du bon pied

Vous faites partie de ceux qui aimeraient se terrer sous la couette lorsque le réveil sonne ? À quoi pensez-vous en vous réveillant ? Aux tâches désagréables qui vous attendent ? Comment vous sentez-vous ? Dynamique ou apathique ? Êtes-vous du genre à ouvrir grands les volets pour profiter du soleil matinal ou plutôt à noyer votre regard dans le fond de votre tasse de café ?

Si vous faites partie de ceux qui broient du noir dès le matin, vous allez beaucoup gagner à appliquer notre méthode. **Oui, vous allez devenir un optimiste du petit matin !**

Tout d'abord, gardez à l'esprit que ce sont nos rengaines qui déterminent notre état d'esprit. N'oubliez pas le pouvoir de votre imagination (voir p. 86) : **si vous pouvez imaginer le pire, vous êtes aussi capable d'envisager le meilleur !** Repérez vos rengaines matinales, stoppez-les et retournez-les à votre avantage (voir p. 94) ! Commencer votre journée avec des pensées positives sera beaucoup plus motivant que de traîner vos idées noires toute la matinée.

En règle générale, tâchez de considérer vos problèmes avec un certain détachement : **de loin, ils paraissent plus petits.** En cela, les bonheurs simples vous seront d'une grande aide : réjouissez-vous d'être là, simplement, en vie et à l'abri. Pensez à celles et ceux que vous aimez ! Nous avons trop souvent tendance à laisser une place trop importante aux petits tracas de la vie, **mais nous oublions au passage toutes ses félicités**.

Dites merci à votre corps, surtout si vous sentez qu'il souffre d'un manque de sommeil. Remerciez-le, chérissez-le, réconfortez-le. Promettez-lui d'améliorer les choses, de trouver des solutions et surtout... faites-le ! **Faites-vous ce cadeau.**

Pour bien commencer la journée, **ne vous brusquez pas**. Si vous êtes plutôt de ceux qui repoussent l'heure du lever jusqu'à la dernière minute, essayez de changer de rythme afin de garder un peu de temps pour émerger. Après 8 heures d'immobilité, **votre corps a besoin de se remettre en marche... à son rythme !** Il est donc important de lui accorder cette faveur, il vous le rendra bien.

Voici quelques exercices matinaux pour chouchouter votre corps et lui offrir un réveil doux et progressif.

Le réveil du chat

- Les chats sont les professionnels du sommeil. Pourquoi ne pas s'inspirer d'eux ?
- Vous venez d'ouvrir les yeux, vous êtes allongé dans votre lit. Prenez doucement conscience de votre corps et de votre respiration.
- Étirez-vous lentement, comme un chat après sa sieste ! Étirez vos jambes, puis vos bras, bâillez. Remettez doucement vos muscles en tension.
- Faites le dos rond, amenez vos genoux sur votre ventre. Savourez cette détente matinale sans penser au reste. Accordez-vous ce petit moment rien qu'à vous.
- Lorsque vous sentez que votre corps est bien éveillé, tournez-vous lentement sur le côté et asseyez-vous sur le bord du lit. Redressez-vous lentement, sans forcer.
- Prenez le temps de respirer. Inspirez le positif. Laissez l'énergie nouvelle du matin entrer en vous et vous vivifier.

Une fois sorti du lit, la partie n'est pas jouée, mais vous voilà debout, c'est déjà un bel effort ! Pourquoi ne pas commencer par vous en féliciter ? **Il n'y a pas de petite victoire !** Parfois, on traîne notre fatigue pendant des heures encore... Prenez quelques instants pour dynamiser votre corps et le sortir de sa torpeur.

Voici un petit exercice de relaxation dynamique simple, mais efficace !

Le réveil tout en douceur

- Vous êtes debout, détendu et stable sur vos appuis.
- Inspirez par le nez, puis retenez l'air quelques instants et serrez doucement les poings. Ne forcez pas : il faut simplement chercher à réveiller vos muscles.
- Tout en retenant votre respiration, faites de petits mouvements rapides avec les épaules, de haut en bas, toujours sans forcer.
- À l'expiration, relâchez les épaules et la nuque.
- Inspirez à nouveau l'air frais du matin, remplissez-vous de calme !
- Votre corps se réveille tranquillement et se met en marche pour une belle journée !
- Si vous avez des problèmes de cervicales, votre mouvement doit être modéré ! Cette pratique vous permettra de déverrouiller les trapèzes et les épaules, zones de tension très marquées.

Certaines personnes ont besoin d'une bonne douche chaude (ou froide…) pour se réveiller le matin, d'autres n'ont tout simplement pas la force de se soumettre au contact de l'eau… **Si vous êtes de ceux-là, oubliez l'eau !** L'univers est empli d'énergie, et c'est bien de ça dont vous avez besoin, alors servez-vous !

La douche de lumière

- Vous êtes debout, vos muscles sont relâchés, vous êtes détendu. Levez les bras, paumes tendues, vers le ciel.
- Avec les paumes de vos mains, captez l'énergie positive de l'univers !
- Vos mains se remplissent d'énergie positive. Accompagnez son passage avec votre respiration.
- Effleurez lentement toutes les parties de votre corps pour les imprégner de cette énergie vitale.
- À chaque passage, apaisez vos tensions si vous en avez. Servez-vous de l'énergie curative du matin. Le négatif est remplacé par l'énergie positive de l'univers. Insistez sur les parties douloureuses, si besoin.
- Maintenant, frottez vos mains l'une contre l'autre. Les mains sont reliées au cerveau : en les frottant, vous le réveillez subtilement.
- Parcourez votre corps avec vos mains : frottez-vous les clavicules, les bras, sur la face externe (en descendant de l'épaule vers la main) et sur la face interne (en remontant de la main vers l'épaule).
- Frottez-vous la base du crâne, au niveau des cervicales.
- Bougez la tête de droite à gauche, puis d'avant en arrière. Ressentez le léger étirement des muscles sollicités.
- Frottez vos jambes, depuis les hanches jusqu'au bout des pieds : d'abord la face externe puis, en remontant, la face interne.
- Votre corps est maintenant plein de lumière et prêt à entamer cette belle journée !

En cas de réveil nocturne

Les réveils nocturnes sont fréquents lorsque l'on souffre d'insomnie. Alors que vous vous prélassiez dans les bras de Morphée, vous voilà soudain éveillé, et vous n'arrivez plus à vous rendormir...

Parfois, ce sont des idées noires qui vous assaillent. D'autres fois, il s'agit simplement du voisin qui a fait claquer sa porte d'entrée un peu trop fort en rentrant tardivement chez lui. **Dans tous les cas, vous ne dormez plus...**

Je vous propose ici une série de pratiques qui vous aideront à retrouver le chemin du sommeil.

En cas de réveil nocturne

- Posez vos mains sur le ventre pour sentir le mouvement de votre respiration.
- Vos mains émettent une douce chaleur qui réchauffe vos organes et apaise votre système nerveux.
- Concentrez-vous sur cette chaleur qui se diffuse dans votre corps.
- Remémorez-vous un événement heureux de votre vie. Allez chercher les sensations agréables au fond de vous-même, faites-les émerger,

laissez-les se répandre dans votre esprit, puis dans votre corps.

- Voyez comme vous étiez heureux, confiant et optimiste. Faites de ce souvenir une réalité, ramenez-le à la vie.
- Revivez cet instant comme s'il se déroulait maintenant, rappelez-vous les détails, les sons, les odeurs, les couleurs...
- Laissez-vous porter par ces sensations, elles vous guideront vers le pays de vos rêves...

La pratique suivante est issue du yoga et va vous apaiser rapidement, sans effort.

Le pranayama

- Allongez-vous sur le dos et bouchez votre narine droite avec le pouce de la main droite.
- Posez votre main gauche sur votre flanc gauche, à la hauteur de la rate.
- Vous expirez donc par la narine gauche.
- Marquez un court temps d'arrêt avant d'inspirer de nouveau par la même narine.
- Lorsque vous arrivez en fin d'inspiration, marquez également un temps d'arrêt.
- Voici le bon rythme à respecter : 4 secondes pour l'inspiration, 1 seconde de temps d'arrêt, 4 secondes pour l'expiration, 1 seconde de temps d'arrêt, etc.
- Durant l'inspiration, suivez le trajet du souffle depuis la rate jusque vers la narine gauche.

- Pendant l'arrêt, lorsque vos poumons sont pleins, concentrez-vous sur l'entrée de votre narine gauche.
- Répétez l'exercice pendant 10 à 20 cycles de respiration, puis changez de narine.

Selon la tradition du pranayama, le courant magnétique en liaison avec le plexus solaire est aspiré par la narine gauche. La narine droite aspire le courant électrique, aussi appelé « courant lunaire ».

L'histoire d'Hanna

« Hanna s'endort facilement, mais se réveille toutes les nuits à 3 heures du matin… En apprenant la respiration de la Lune, elle a pu vaincre ses insomnies et cela a changé sa vie. »

La pratique suivante va un peu plus loin que la précédente et calmera l'agitation mentale responsable des difficultés d'endormissement ou des réveils nocturnes.

La respiration de la Lune

- Installez-vous au bord de votre lit. Votre dos est bien droit, votre mâchoire détendue, ainsi que votre langue.

- Commencez par faire une série de respirations avec vos deux narines.
- Bouchez la narine droite avec le pouce de la main droite. Inspirez lentement par la narine gauche.
- Retenez votre souffle en bouchant les deux narines avec le pouce, le majeur et l'annulaire de la main droite.
- Débouchez votre narine droite et expirez lentement.
- Bouchez à nouveau votre nez avec le pouce, le majeur et l'annulaire de la main droite.
- Débouchez votre narine gauche et inspirez lentement.
- Continuez la série de cette façon en respectant les délais suivants : inspirez pendant 8 à 10 secondes, retenez votre souffle pendant 8 à 10 secondes ; expirez pendant 8 à 10 secondes, retenez votre souffle pendant 3 secondes, et ainsi de suite.
- Terminez par la narine droite.

La sieste, bonne idée ?

En général, c'est souvent après le repas de midi que l'envie de faire une sieste se fait sentir. En effet, **la digestion est un processus qui mobilise beaucoup d'énergie**, d'où la sensation de fatigue qui l'accompagne souvent. Alors, lorsque l'on « pique du nez », il est parfois bon de s'accorder une petite sieste, mais attention : **il ne faut pas basculer dans le sommeil profond !**

La durée idéale d'une sieste se situe entre 10 et 20 minutes. Au-delà, vous risquez de vous endormir pour de bon et de partir pour un cycle complet de sommeil, pour peu que votre emploi du temps vous permette d'aller au bout ! Le risque est de vous réveiller prématurément, avec la sensation de fatigue qui d'habitude accompagne les nuits trop courtes : manque d'énergie, sensation d'engourdissement général, manque de motivation... **Tout le contraire de ce que l'on attend d'une sieste !**

Par ailleurs, un temps de sieste trop long risque de nuire à votre endormissement nocturne, ce qui n'est pas non plus le but attendu. En fait, lorsque vous faites une sieste, **il ne faut pas chercher à vous endormir**, mais simplement à mettre votre corps et votre esprit au repos. Vous pouvez le voir comme un ordinateur : il ne faut pas éteindre la machine, mais simplement redémarrer le système !

À noter

Ici comme ailleurs, la pratique vous permettra de repérer le moment où vous risquez de sombrer dans le sommeil profond et, à terme, votre réflexe naturel sera de vous réveiller juste avant ce moment-là. Il faudra alors faire attention de résister à l'envie de reposer la tête pour quelques minutes de plus, car vous risqueriez cette fois de vraiment vous endormir !

En règle générale, évitez de faire des siestes dans votre lit ; préférez plutôt un canapé ou tout autre endroit confortable qui vous permettra de vous relaxer efficacement.

Voici un petit exercice qui vous permettra de prendre les bonnes habitudes sans risquer de vous endormir pour de bon.

La sieste flash

- Ne vous allongez pas ; asseyez-vous plutôt dans un fauteuil confortable ou sur un canapé.
- Mettez-vous à l'aise : déchaussez-vous, desserrez votre ceinture et votre cravate. Installez-vous confortablement.
- Fermez les yeux, respirez calmement et bâillez autant que vous le voulez !
- Relâchez votre corps, détendez-vous. Ne cherchez pas à atteindre un état particulier.
- Visualisez mentalement chaque partie de votre corps. Ressentez leur chaleur.
- Laissez venir à votre esprit des images agréables et de belles couleurs.
- Votre corps se détend et votre mental s'apaise.
- Toujours les yeux fermés, faites de petits cercles avec vos yeux, dans un sens, puis dans l'autre ; vers le haut, puis vers le bas.
- Programmez mentalement l'heure de votre réveil, par exemple : « Je vais me réveiller à 13 heures ». Votre cerveau va enregistrer cette information et en tiendra compte naturellement.

- Prenez une profonde inspiration. Bougez légèrement le bout de vos doigts ainsi que vos pieds pour les détendre. Expirez.
- Votre corps se réveillera naturellement à l'heure choisie. Attention à ne pas sombrer dans le sommeil à ce moment-là !
- Inspirez et étirez-vous.
- Vous pouvez maintenant ouvrir les yeux. Observez ce qui se trouve autour de vous afin d'accommoder vos yeux.
- Souriez !

Si vous n'êtes pas certain de pouvoir résister à l'envie de vous endormir, vous pouvez tout à fait remplacer la sieste par une détente complète (voir p. 79) ou une petite promenade dans votre Monde intérieur (voir p. 88). Ces pratiques auront un effet régénérateur et vous permettront de relaxer votre corps avant la seconde partie de la journée !

Sport et sommeil

L'activité physique est bénéfique pour le sommeil et pour notre santé ; de plus, cela retarde le vieillissement et entretient notre forme physique ! Si vous pratiquez un sport que vous appréciez, **vous provoquerez également la libération d'endorphines**, les hormones du bonheur, qui sont aussi les pires ennemies du stress !

Lorsque l'on fait du sport en journée, on se dépense, on utilise de l'énergie, ce qui fait que nous sommes naturellement plus fatigués le soir. Mauvaise nouvelle ? Pas du tout, car **cela va grandement faciliter l'endormissement**, à condition de ne pas rater le train du sommeil ! Ainsi, la qualité de vos nuits sera bien meilleure, et les réveils nocturnes moins fréquents.

Si vous voulez que votre activité physique soit efficace, **il faut miser sur la régularité :** 30 minutes de sport trois fois par semaine valent mieux que 2 heures successives le week-end.

De l'endurance… et surtout du plaisir !

De manière générale, préférez plutôt les activités d'endurance comme la course à pied, le vélo, la marche ou la natation, mais pensez surtout à vous faire plaisir ! Inutile de vous forcer à nager dans une piscine publique surpeuplée si cela vous stresse plus que cela ne vous détend – ce serait contre-productif, cherchez autre chose.

Quelques règles sont à observer :

- **Ne forcez pas !** Inutile de vous faire mal ou de chercher à tout prix la performance. Au début, si vous n'arrivez pas à courir plus de 15 minutes, tant pis ! Ou plutôt tant mieux : soyez fier de chaque victoire ! Vos performances vont augmenter très rapidement si vous restez régulier dans votre pratique.

- **Ne faites pas de sport dans les deux heures qui précèdent votre coucher :** le sport fait monter votre taux d'adrénaline et vous maintient dans un état d'excitation qui vous empêchera de dormir. De manière générale, évitez le sport après 20 heures.
- **Profitez de chaque occasion :** préférez l'escalier à l'ascenseur ; dans les transports en commun, descendez à l'arrêt précédent et finissez le trajet à pied ; faites de petites marches dès que vous le pouvez, même si ce n'est que pour faire le tour du quartier.

À noter

Surtout, profitez ! Savourez tous les bienfaits de l'exercice physique sur votre corps. Là encore, imprimez profondément les bonnes émotions, associez-les à votre pratique. Vous vous faites du bien ! Vous prenez soin de vous ! Votre corps l'appréciera et vous le fera très vite savoir.

Associé à une hygiène de vie saine, l'exercice physique vous permettra de rééquilibrer votre organisme, de le débarrasser des toxines, et éventuellement de quelques kilos en trop ! Si vous n'avez pas pratiqué depuis longtemps, la remise en route sera peut-être un peu fastidieuse, **mais vous ressentirez très vite les effets bénéfiques sur votre sommeil et votre vie en général**.

Dans tous les cas, **soyez à l'écoute de votre corps**, de ses besoins, mais aussi et surtout de ses limites.

Bien manger pour bien dormir

L'alimentation, au même titre que le sommeil, occupe une place centrale dans notre vie. Les déséquilibres alimentaires peuvent avoir de fâcheuses conséquences sur notre organisme, et donc sur la qualité de notre sommeil...

Suivez ces quelques conseils afin de mieux adapter vos repas, notamment le soir.

Dînez léger !

Un dîner trop copieux aura tendance à perturber votre sommeil : difficultés d'endormissement, réveils nocturnes voire rêves désagréables. Le soir, **il est donc essentiel d'avoir la fourchette légère**.

La digestion est un processus énergivore. Aussi, évitez les dîners trop gras ou riches en protéines. D'ailleurs, il semble inutile de rappeler que les repas trop riches risquent de vous faire prendre du poids.

À noter

Par ailleurs, les repas trop riches auront tendance à faire augmenter votre température corporelle et à gêner votre sommeil. Cela vaut aussi pour les épices !

Autant que possible, prenez votre dîner deux heures avant d'aller vous coucher. Bien entendu, il faudra éviter les substances stimulantes : café, alcool, thé, tabac...

Les aliments pour bien dormir

- **Les aliments à éviter** : viandes, charcuterie, volaille avec la peau, bacon, lardons, fromages gras, pizza garnie, aliments panés et frits, pâtes alimentaires accompagnées de sauce à la viande, sauces à la crème, œufs cuits dans le beurre, plats mexicains, italiens, indiens, salade César, croustilles, frites, pâtisseries grasses, beignets, gâteaux avec glaçage, crème glacée, chocolat.
- **Les aliments à privilégier :** les aliments riches en amidon offrent un bon apport en glucides (pâtes, riz, pommes de terre, pain...) et sont à privilégier. Les poissons, légumes, crudités et les produits laitiers (pas trop gras) sont également intéressants : ils permettent notamment la production de sérotonine, aux propriétés sédatives. De manière générale, le soir, préférez donc les glucides aux protéines.

Les automassages

Les automassages trouvent leur origine dans les traditions japonaise et chinoise. On les appelle « *do-in* » : *do* signifie « la voie » et *in* se traduit par « les gestes ».

Dans le corps, l'énergie vitale (appelée *ki* en japonais) circule par l'intermédiaire des méridiens, qui traversent notre organisme. Lorsque nous sommes stressés, tendus, **cette énergie ne circule plus normalement**. Les automassages vont nous permettre de rétablir ce flux. On va agir par des pressions, des martèlements ou des frictions des doigts sur les points d'acupuncture.

Les automassages sont parfaitement adaptés à notre vie moderne et s'intégreront facilement dans votre quotidien. C'est une autre manière de prendre soin de soi. En pratiquant régulièrement, **vous retrouverez vite l'énergie et la vitalité** !

Les automassages qui suivent sont issus des principes de l'énergétique chinoise et **sont à la portée de tous**. Vous n'aurez pas besoin de matériel ni de connaissances particulières.

Voici un premier massage rapide et très simple à réaliser ! Il convient parfaitement pour aider à trouver le sommeil.

Automassage des tempes

- Allongez-vous et détendez les épaules, les bras et la nuque. Vous pouvez aussi rester assis.
- Faites de petits mouvements de la tête pour détendre votre cou.
- Posez vos pouces sur vos tempes et vos autres doigts au-dessus du front.
- Fermez les yeux.
- Avec vos pouces, effectuez des petits mouvements circulaires sur les tempes. Vos autres doigts massent le cuir chevelu.
- N'appuyez pas trop fort ! Et n'oubliez pas de bien respirer pour vous détendre davantage.
- Votre cerveau va peu à peu se déconnecter. Le calme va vous envahir.

Comme nous l'avons vu (voir p. 72), le plexus solaire est un centre énergétique d'importance. Si la respiration permet de le détendre, l'automassage qui suit sera un bon complément.

Automassage du plexus solaire

- Allongez-vous sur votre lit.
- Inspirez en gonflant votre ventre comme un ballon.
- Expirez en dégonflant votre ventre et faites remonter votre diaphragme, mais sans contracter les abdominaux.
- Gonflez à nouveau le ventre, et retenez l'air pendant 10 secondes.

- Expirez. Laissez retomber le ventre et retenez votre respiration pendant 10 secondes.
- Recommencez plusieurs fois pour bien détendre la zone du plexus solaire.
- Posez vos deux mains au niveau du plexus solaire.
- Faites un massage circulaire en partant du plexus et en irradiant toute la zone abdominale. D'abord dans le sens des aiguilles d'une montre, puis dans le sens inverse.

Chapitre 5

L'AMÉNAGEMENT DE LA **CHAMBRE**

Vous passez un tiers de votre vie dans votre chambre, c'est dire si elle mérite toute votre attention ; et il est primordial de bien l'aménager pour favoriser un sommeil réparateur.

Une literie de qualité pour un sommeil apaisé

Il est étonnant de constater que nous sommes souvent beaucoup plus attentifs à la qualité de nos appareils électronique qu'à celle de notre literie. Si vous dormez sur un matelas en mauvais état, inconfortable ou inadapté, **il est certain que vous ne serez pas à l'aise et que cela va jouer sur la qualité de vos nuits...**

Quel matelas choisir ?

Pendant longtemps, on a vanté les mérites d'une literie très ferme, inspirée des pratiques japonaises. Il était même parfois recommandé de placer une planche de bois sous son matelas pour affermir davantage le couchage ou de dormir sur des futons, mais on s'est très vite rendu compte que cela créait des tensions, surtout sur les parties saillantes du corps, et altérait même la circulation sanguine à cause des pressions trop intenses...

Mais alors, pourquoi les Japonais les utilisent-ils sans problème ? Tout simplement parce qu'ils y sont habitués depuis des générations !

En vérité, **votre matelas doit d'abord et avant tout être adapté à votre morphologie**. Si vous êtes plutôt enrobé, il faudra choisir un matelas plus ferme ; si vous êtes de corpulence mince, préférez les matelas moelleux, car un lit trop ferme n'épousera pas assez les formes de votre corps et vous ne vous y sentirez pas à l'aise pour dormir. Cependant, un matelas trop mou aura tendance à ne pas assez vous soutenir et à accentuer les déformations.

À noter

Avant d'acheter un matelas, essayez-le ! Oubliez donc l'achat via Internet si vous n'avez pas eu l'occasion de le tester avant ou si le vendeur ne propose pas d'échange en cas d'insatisfaction. Un bon matelas doit répartir la pression de votre corps équitablement et bien maintenir votre colonne vertébrale. Lorsque vous vous allongez dessus, mettez-vous sur le dos et essayez de passer votre main sous vos reins : si vous y arrivez, c'est que le matelas est trop ferme.

Un bon matelas est aussi important pour vos enfants : leur corps doit être soutenu correctement afin d'éviter le développement de troubles, notamment durant la croissance.

Que de choix !

Matelas à ressorts, antibactériens, antiacariens, en latex, en laine... Il y a tellement de choix que l'on peut se sentir perdu ! Préférez donc les enseignes spécialisées pour votre achat et n'hésitez pas à demander conseil à votre praticien ou votre médecin traitant si vous souffrez de pathologies spécifiques.

Il est clair qu'une bonne literie est un investissement conséquent, mais un matelas de bonne qualité durera une dizaine d'années. **Raison de plus pour bien se renseigner et ne pas se précipiter !** Mais il faut aussi veiller à en prendre soin et à bien l'entretenir :

- Retournez régulièrement votre matelas, d'autant plus s'il possède une face hiver et une face été (la face été est plus ventilée, tandis que la face hiver garde mieux la chaleur). Cela permet aussi de répartir les points de pression et de ne pas le laisser se déformer.
- Utilisez une alèse pour protéger votre matelas des taches et de l'humidité. Lavez-la régulièrement, tout comme votre linge de lit.

- Aérez votre chambre chaque matin : profitez du fait que votre lit est défait pour laisser le matelas prendre l'air et évacuer l'humidité accumulée durant la nuit.
- Aspirez votre matelas une fois par mois pour le dépoussiérer.
- N'utilisez pas de produits chimiques !
- De temps en temps, si vous le pouvez, sortez votre matelas et exposez-le au froid (moins de 15 °C), par temps sec, ou au soleil : cela permettra de tuer les acariens.
- Ne posez pas votre matelas directement sur le sol : l'air doit pouvoir circuler en dessous afin d'éviter l'accumulation d'humidité, voire le développement de moisissures.

Si vous vivez en couple et que votre moitié a tendance à beaucoup bouger pendant la nuit, il peut être intéressant de prendre un matelas plus large (160 ou 180 cm), vous serez bien plus à l'aise pour dormir !

N'oubliez pas le sommier !

Un bon sommier est essentiel pour soutenir correctement votre matelas (et vous-même). Il doit être ferme et plat, et sa taille doit être adaptée à celle de votre matelas. Il prolongera la durée de vie de votre literie et favorisera l'aération. Si vous changez de matelas, changez aussi le sommier !

Choisir un oreiller adapté

Pendant que vous dormez, votre tête et votre cou doivent rester alignés avec votre colonne vertébrale, comme lorsque vous êtes en position debout. Un bon oreiller doit donc soutenir les vertèbres cervicales, absorber le poids de la tête et assurer la décontraction musculaire.

En fonction de votre position de sommeil, il faudra choisir un oreiller différent :

- mi-haut ou moelleux si vous avez l'habitude de dormir sur le dos ;
- ferme et haut si vous dormez sur le côté.

Comme pour le matelas, **pensez à aérer vos oreillers régulièrement** et à les exposer au soleil ou au froid pour vous débarrasser des acariens. Vous pouvez aussi acheter des oreillers bénéficiant d'un traitement antiacarien.

Quelle position pour dormir ?

Il est préférable de ne pas dormir sur le ventre. Restez plutôt sur le dos ou bien sur le côté, en position fœtale, et alternez les positions de façon à éviter les douleurs dorsales ou cervicales au réveil. Vous pouvez également surélever légèrement vos pieds ou glisser un coussin sous vos genoux : cela améliorera la circulation sanguine.

Attention au lever : ne vous redressez pas en forçant sur les muscles abdominaux ! Le mieux est de se tourner sur le flanc, de passer ses jambes en dehors du lit et de pousser sur ses bras pour se redresser et venir s'asseoir au bord du lit, sans mouvement brusque.

Une chambre feng shui

Le feng shui est un art chinois millénaire. **Son but est d'harmoniser l'énergie des lieux afin de favoriser le bien-être psychologique et physique.** C'est donc un complément parfait à tout ce que nous avons décrit ici !

Concrètement, vous allez agir sur le choix de la décoration, l'organisation des pièces de vie, les couleurs, les formes... **Le feng shui peut s'appliquer à tout votre logement**, mais ce qui nous intéresse ici est la chambre à coucher, afin de retrouver des nuits plus douces.

Comment placer son lit ?

Selon le feng shui, **il faut respecter le trajet des énergies**. Il est donc conseillé d'éviter de placer le lit dans l'axe de la porte ou contre une fenêtre, mais de le positionner plutôt dans le coin opposé à la porte. Placer la tête de lit contre un mur plein favorisera aussi la sensation de sécurité durant le sommeil.

Laissez un espace de chaque côté du lit pour ne pas vous sentir coincé et **favorisez la circulation d'air sous le matelas**, par exemple en installant des pieds sur votre sommier.

L'aménagement de la chambre

Avec le feng shui, on recherche avant tout l'apaisement ; il faut donc être attentif aux couleurs. Évitez les teintes trop « yang » comme le rouge ou les couleurs vives ou foncées. Pour les murs, les couleurs pastel seront plus adaptées ; au plafond, quelque chose de clair et uni.

La forme des meubles a aussi son importance : les formes courbes favoriseront l'harmonie. Par ailleurs, gardez bien à l'esprit la notion de circulation d'énergie ! Aussi, ne placez pas vos meubles trop près du lit.

Dans le même esprit, **ne disposez pas de miroir dans la chambre :** ils agissent comme réflecteurs et risquent de perturber votre sommeil. Essayez plutôt de les fixer sur les portes intérieures d'un placard ou d'une penderie.

En ce qui concerne la décoration, **choisissez des images apaisantes ou heureuses :** pas de toiles ou de dessins tourmentés ! Cela vaut d'ailleurs pour l'ensemble de votre logement. **Créez une atmosphère douce et inspirante** plutôt qu'une ambiance agressive, cela influencera votre état d'esprit de manière positive.

Le choix des matériaux qui composent votre logement n'est pas anodin, lui non plus. Les matières métalliques (notamment les meubles) ont tendance à refléter les énergies et à perturber leur flux naturel. À éviter, donc, de même que les matières synthétiques (par exemple la moquette) qui favorisent l'installation des acariens et l'électricité statique.

Notre conseil pour bien dormir

Bannissez les appareils électroniques de votre chambre : ordinateurs, téléphones, télévision et tablettes n'y ont pas leur place. Ils perturbent le système nerveux et donc votre sommeil.
Si vous le pouvez, coupez le réseau wifi de votre habitation avant d'aller vous coucher.

Et la lumière fut...

L'éclairage joue un rôle important sur notre système nerveux. En feng shui, **on privilégie donc des lumières douces et tamisées dans la chambre**. Le but est de reproduire le crépuscule du soleil afin de suggérer la tombée de la nuit à votre organisme.

Si vous tenez absolument à conserver un lustre, évitez de le placer juste au-dessus du lit. À la place, **essayez plutôt de petites lampes de chevet avec abat-jour**. Vous vous sentirez beaucoup plus à l'aise dans une ambiance tamisée qu'avec un éclairage direct juste au-dessus de votre tête.

Pour rendre votre chambre plus chaleureuse, vous pouvez opter pour des rideaux occultants : ils cacheront la lumière du jour et apporteront une touche décorative, mais attention aux couleurs que vous choisissez (voir p. 153) !

Gare à la température...

Outre tous ces conseils, veillez à ne pas trop chauffer votre chambre, même en hiver. La nuit, le corps a besoin de se refroidir pour bien s'endormir. De plus, une température trop élevée risque de favoriser votre déshydratation, mais aussi l'assèchement de vos muqueuses (nez, gorge...), ce qui risquerait de provoquer des gênes respiratoires qui nuiront à votre sommeil. Si l'atmosphère de votre chambre est trop sèche, vous pouvez utiliser un petit humidificateur d'air.

Ne vous couvrez pas trop non plus au moment de vous coucher pour aider votre corps à se refroidir.

Chapitre 6

FAITES DE **BEAUX RÊVES**...

Les rêves restent l'un des grands mystères du monde. Alors que nous sommes au temps où nos robots commencent à arpenter le système solaire, où nos télescopes scrutent les confins de l'univers, nous restons incapables de comprendre vraiment ce qui se passe dans notre cerveau chaque nuit.

Oui, nous rêvons tous, même si généralement nous ne nous souvenons de rien au réveil. Nos nuits sont pleines d'images, de pensées et de sentiments. Et nous ne savons pas encore bien comment les interpréter…

Une énigme ancestrale

Les rêves fascinent depuis toujours. Leur nature mystérieuse et insaisissable a donné lieu à bien des spéculations : messages divins, langage de l'âme, visions prophétiques… Chaque civilisation, chaque religion semble avoir tenté d'y apporter une réponse.

De nos jours, notre société cartésienne a mis de côté l'aspect spirituel ou ésotérique : **seules les réponses de la science semblent compter**, mais elle aussi reste bien démunie face

« Les rêves sont la littérature du sommeil. »

Jean Cocteau

au mystère des songes. En l'état actuel de nos connaissances, **il demeure impossible d'apporter une réponse claire et définitive**.

Pourtant, les rêves font partie de notre intimité. Parfois, ils nous remplissent de joie ; parfois de terreur. Que l'on soit croyant ou cartésien de la première heure, **ils conservent cette dimension mystérieuse et insaisissable** qui nous ramène à l'ignorance de notre nature profonde.

Que dit la science ?

Les scientifiques éludent toute interprétation sacrée ou spirituelle, évidemment, et concentrent leurs efforts à comprendre les mécanismes fonctionnels des rêves : à quoi servent-ils ? D'où viennent-ils ? Que veulent-ils dire ?

En la matière, les conclusions divergent, même si les scientifiques semblent s'accorder sur certains points :

- Les rêves permettraient au cerveau de « digérer » les informations accumulées dans la journée pour les transformer en expériences qui pourront être utiles à l'avenir.
- Les rêves seraient une sorte d'entraînement cérébral destiné à nous préparer à de potentielles épreuves à venir.

C'est lorsque le cerveau passe en sommeil paradoxal que les rêvent se produisent. Alors que le corps est totalement immobile, seuls de petits mouvements de paupières restent perceptibles. Pourtant, **le cerveau demeure actif**, et on constate une activation des mêmes zones spécifiques que lorsque nous sommes éveillés. Par exemple, si nous rêvons que nous courons, le cerveau activera exactement les mêmes aires que lorsque nous courons réellement, mais sans que le corps ne bouge. **Certaines ondes cérébrales sont même plus fortes lorsque nous dormons que durant la journée !**

À ce sujet, Carl Gustav Jung disait : « Ce qui échappe à notre conscience est souvent perçu par notre inconscient, qui peut nous transmettre l'information au moyen du rêve. »

Une chose est sûre : **tout le monde rêve**. En moyenne, quatre à sept fois par nuit, et ne pas se souvenir de ses rêves ne signifie pas que nous n'en avons pas ! En général, cinq minutes après la fin d'un rêve, la moitié de son contenu est déjà oublié. Dix minutes après, il ne nous en reste que 10 %...

Se souvenir de ses rêves

Bien souvent, nous ne gardons pas de souvenirs de nos rêves. Ou plutôt, notre cerveau gauche (celui de la rationalité, voir p. 108) les efface très vite après le réveil !

Si vous souhaitez garder une trace de vos rêves, le plus simple reste encore de conserver votre carnet de notes (voir p. 169) à portée de main, près de votre lit, afin d'inscrire ce dont vous vous souvenez dès le réveil avant que le cerveau gauche ne prenne la relève. **Le plus simple est de le faire le week-end,** lorsque vous n'êtes pas brutalement réveillé le matin et interrompu dans vos cycles de sommeil.

Mais alors, à quoi cela va-t-il vous servir ? Ce sera à vous de le découvrir ! Vos rêves n'appartiennent qu'à vous, **ils sont l'expression de votre inconscient** et vous êtes la personne la plus habilitée en ce monde pour en saisir les messages cachés. **Plus vous serez attentif à vos rêves, plus leurs messages codés vous apparaîtront clairement.**

Cette démarche très personnelle va vous permettre de développer de nouvelles potentialités et de trouver des solutions à vos problèmes. En vous reconnectant avec cette part secrète de vous-même, **vous allez accéder à de nouvelles informations**, votre perception et votre intuition vont se développer et vous ouvrir les portes de nouvelles possibilités !

Pourquoi fait-on de beaux et de mauvais rêves ?

Le contenu de nos rêves est évidemment influencé par ce que nous vivons consciemment en journée, par les problèmes que nous avons rencontrés, **mais aussi par notre état émotionnel et physique.** Il n'est pas rare de constater qu'une digestion difficile due à un repas trop copieux est la cause de rêves désagréables ou de cauchemars !

Mais cela fonctionne aussi dans l'autre sens : **nos rêves peuvent affecter notre humeur**. Un songe perturbant, dérangeant, voire carrément effrayant, peut laisser une empreinte désagréable qui perdurera parfois pendant plusieurs heures après le réveil. Si notre vécu quotidien influence nos rêves, la réciproque est vraie aussi.

Aussi, des pensées réjouissantes en journée ne peuvent qu'influencer positivement nos rêves ! **Des pensées heureuses appelleront des rêves heureux** ; des idées noires favoriseront les cauchemars. D'où l'importance de s'endormir avec un bon état d'esprit.

La nuit porte conseil !

Cet adage connu de tous devrait nous éclairer sur notre façon d'aborder notre sommeil. Les rêves nous le prouvent : notre cerveau n'est pas inactif durant la nuit, loin de là.

Tout au long de cet ouvrage, nous vous avons transmis des pratiques et des conseils destinés à vous permettre de trouver le sommeil plus facilement. Nous vous invitons maintenant à voir plus loin, **à mettre à profit ce moment privilégié avec vous-même.**

Certaines personnes arrivent à induire leurs rêves, on les appelle des « rêveurs lucides ». **Cela traduit bien notre capacité à entrer dans notre inconscient.** L'objet de ce livre n'est pas de vous initier à cette pratique ; cependant, vous pouvez facilement vous en inspirer.

De la même façon que vous avez appris à programmer votre réussite (voir p. 99), vous pouvez tout à fait demander à votre part d'inconscient de vous aider durant la nuit. De manière générale, nous vous conseillons de ne pas prendre de décision importante sans avoir pris le temps de passer une nuit de sommeil. **Laissez votre cerveau digérer l'information**, l'assimiler, la comparer avec votre vécu et vos émotions profondes. Bien souvent, les idées paraissent plus claires le lendemain, parfois évidentes même.

Avant de vous coucher, faites votre demande, posez votre question en toute confiance et fermez les yeux avec la certitude que votre inconscient saura vous guider, que vous en ayez un souvenir conscient le lendemain ou non.

Bien souvent, les réponses à nos questions les plus profondes se trouvent justement au fond de nous, dans un coffre secret bien caché, à l'abri des regards, y compris du nôtre. C'est le terrain de l'inconscient, du mystère, des peurs, mais aussi des espoirs et... des rêves.

« L'homme ne pourra jamais cesser de rêver. Le rêve est la nourriture de l'âme comme les aliments sont la nourriture du corps. »

Paulo Coelho

CONCLUSION

Nous voilà arrivés au terme de cet ouvrage et nous espérons que nos conseils vous procurent déjà un mieux-être global et une meilleure qualité de sommeil. Si vous ne vous sentez pas encore tout à fait en harmonie avec vous-même, gardez à l'esprit que le processus de rééquilibrage peut parfois prendre du temps et que votre persévérance finira toujours par payer !

Bien souvent, nous sommes aspirés par notre rythme de vie et, sans nous en rendre compte, nous accumulons les tensions et les contrariétés. Petit à petit, épreuve après épreuve, les crispations s'installent. Sournoises, discrètes (mais bien présentes), elles se servent sans scrupule : elles pillent notre énergie vitale et notre vitalité, nous laissant bien démunis face aux épreuves que la vie nous impose.

Pourtant, on nous avait bien sermonnés depuis notre plus tendre enfance : « La vie est dure », « Vous, les jeunes, vous allez en baver », « Vivement la retraite ! »... Mais est-ce vraiment juste ? Est-ce la réalité dont vous voulez pour le reste de votre existence ? Allez-vous fonder votre vision de la vie sur les remords de ceux qui vous ont précédés ? Ne serait-ce pas plus sage de vous forger votre propre appréciation de votre futur ?

Vous avez désormais probablement compris que tout était lié : nos jours, nos nuits, nos rêves, nos peurs, nos joies... et qu'il vous est possible de tout transformer à votre avantage, juste en changeant de point de vue, juste en orientant vos pensées dans la direction que vous désirez.

En cela, votre cerveau est l'arme absolue. C'est un miracle de l'évolution. Une machine bien plus puissante que tout ce que l'humain a pu produire comme outils jusqu'à présent. Vous disposez d'un attirail hors du commun, et il est juste dans votre tête. Notre méthode va vous permettre d'entrevoir un nouvel horizon, ou plutôt une infinité d'horizons : il ne vous reste qu'à les imaginer !

Vous avez tout ce qu'il vous faut pour changer les choses, pour créer votre propre réalité, celle qui vous plaît, celle que vous appelez de vos rêves. Vous n'êtes pas esclave des événements, des situations et encore moins de ceux qui vous entourent. Vous avez le pouvoir sur votre vie. Petit à petit, étape après étape, vous allez redécouvrir à quel point vous pouvez modeler votre réalité à votre avantage.

Notre méthode n'est qu'un point de départ destiné à vous ouvrir des portes. Le chemin qui suivra sera le vôtre. Vous le ferez en conscience, en confiance et avec la sérénité qui caractérise la vie de tous ceux qui cherchent à aller de l'avant pour se trouver et se réaliser.

Mais avant cela, il vous faut peut-être un peu de repos ! Un repos bien mérité, n'en doutez pas. N'ayez jamais honte de vos grasses matinées. Ne négligez jamais une petite sieste, quoi qu'en disent ceux qui vous entourent. Vous êtes la seule personne à savoir ce dont vous avez besoin ; personne n'est en droit de vous juger sur ce point. Vous êtes seul maître à bord. Vous êtes à la fois acteur, réalisateur, juge et partie.

Nous vous souhaitons de beaux voyages dans ce Monde intérieur qui est le vôtre. Faites-en votre temple, votre demeure, votre refuge. Mettez-y ce que vous avez de plus beau et précieux ! C'est à partir de là, plein de force, de confiance et de vitalité, que vous retournerez parcourir le monde extérieur.

Quant à vos nuits, elles sont tout à vous ! Qui sait tous les trésors que vous allez y découvrir...

Nous vous souhaitons de belles nuits et des rêves inspirants. N'hésitez pas à nous donner des nouvelles de votre évolution !

Carole et Laurent

ANNEXES

Mon carnet de notes spécial sommeil

Mon compteur de sommeil mensuel

Notez dans le tableau ci-dessous, au crayon (afin de pouvoir le remplir de nouveau le mois prochain), vos heures de coucher et de réveil, ainsi que le nombre et la durée de vos réveils nocturnes. À chaque fin de semaine, vous pourrez inscrire vos observations éventuelles. Ce tableau vous permettra de suivre la progression de votre sommeil.

	Heure du coucher	**Heure du réveil**	**Réveils nocturnes**
Jour 1			
Jour 2			
Jour 3			
Jour 4			
Jour 5			
Jour 6			
Jour 7			

Observations (semaine 1) :

	Heure du coucher	Heure du réveil	Réveils nocturnes
Jour 8			
Jour 9			
Jour 10			
Jour 11			
Jour 12			
Jour 13			
Jour 14			

Observations (semaine 2) :

	Heure du coucher	Heure du réveil	Réveils nocturnes
Jour 15			
Jour 16			
Jour 17			
Jour 18			
Jour 19			
Jour 20			
Jour 21			

Observations (semaine 3) :

	Heure du coucher	Heure du réveil	Réveils nocturnes
Jour 22			
Jour 23			
Jour 24			
Jour 25			
Jour 26			
Jour 27			
Jour 28			

Observations (semaine 4) :

Mes notes

Index des exercices

Découvrez les autres ouvrages de Carole Serrat et Laurent Stopnicki, aux éditions Leduc.s

Mon programme minceur tout en douceur, 2019
La Médit-action, 2018
Ma sophrologie antistress, 2018
Ma méthode se sophrologie pour bien dormir, 2016
Ma méthode de sophrologie pour les enfants, 2015

Retrouvez les auteurs sur leur site Internet :
www.caroleserrat.com – www.laurentstopnicki.com

Pour contacter directement Carole Serrat :
carole.serrat@wanadoo.fr

Pratiquez la sophrologie au quotidien
pour rester zen en toutes circonstances !

Le best-seller de référence

Achevé d'imprimer en août 2019
sur les presses de la Nouvelle Imprimerie Laballery
58500 Clamecy
Dépôt légal : août 2019

N° d'impression : 906277